Manual de reflexões sobre boas práticas de leitura

CB025334

FUNDAÇÃO EDITORA DA UNESP

Presidente do Conselho Curador
Herman Jacobus Cornelis Voorwald

Diretor-Presidente
José Castilho Marques Neto

Editor-Executivo
Jézio Hernani Bomfim Gutierre

Assessor editorial
João Luís Ceccantini

Conselho Editorial Acadêmico
Alberto Tsuyoshi Ikeda
Áureo Busetto
Célia Aparecida Ferreira Tolentino
Eda Maria Góes
Elisabete Maniglia
Elisabeth Criscuolo Urbinati
Ildeberto Muniz de Almeida
Maria de Lourdes Ortiz Gandini Baldan
Nilson Ghirardello
Vicente Pleitez

Editores-Assistentes
Anderson Nobara
Fabiana Mioto
Jorge Pereira Filho

CÁTEDRA UNESCO DE LEITURA PUC-RIO

Coordenação
Eliana Yunes
Luiz Antonio Coelho

PROJETO VIVA LEITURA

Coordenação Geral
Eliana Yunes
Luiz Antonio Coelho

Coordenação Executiva
Eliana Yunes
Fernanda Ferreira Pedrosa
Ilana Eleá Santiago
Stella de Moraes Pellegrini

Pesquisadores do projeto
Carlos Eduardo Klimick Pereira
Cléa Moreira de Oliveira Cresta de Moraes
Cleide Maria de Oliveira
Daniela Beccaccia Versiani
Denise do Passo Ramalho
Eliane Bettocchi Godinho
Fernanda Ferreira Pedrosa
Gilda Carvalho
Ilana Eleá Santiago
Lucia Maria da Cruz Fidalgo
Maria Teresa Ferreira Bastos
Stella de Moraes Pellegrini

MANUAL DE BOAS PRÁTICAS DE LEITURA

Editoras Executivas
Daniela Beccaccia Versiani
Eliana Yunes
Gilda Carvalho
Stella de Moraes Pellegrini

Pesquisadores para esta edição
Daniela Beccaccia Versiani
Denise do Passo Ramalho
Gilda Carvalho
Lucia Maria da Cruz Fidalgo
Maria Teresa Ferreira Bastos

DANIELA B. VERSIANI
ELIANA YUNES
GILDA CARVALHO

Manual de reflexões sobre boas práticas de leitura

© 2012 Editora Unesp

Fundação Editora da UNESP (FEU)
Praça da Sé, 108
01001-900 – São Paulo – SP
Tel.: (0xx11) 3242-7171
Fax: (0xx11) 3242-7172
www.editoraunesp.com.br
www.livrariaunesp.com.br
feu@editora.unesp.br

Cátedra Unesco de Leitura PUC-RIO
Campus da PUC-Rio | Largo das Artes e das Letras
Rua Marquês de São Vicente, 225 - Gávea
22453-900 - Rio de Janeiro - RJ
Tel/fax: 55 21 3527-1960
www.puc-rio.br/catedra
reler@puc-rio.br

CIP – Brasil. Catalogação na Fonte
Sindicato Nacional dos Editores de Livros, RJ

V642m

Versiani, Daniela Beccaccia, 1967-
Manual de reflexões sobre boas práticas de leitura/Daniela Beccaccia Versiani, Eliana Yunes, Gilda Carvalho. - São Paulo: Editora UNESP; Rio de Janeiro: Cátedra Unesco de Leitura PUC-RIO, 2012.

Inclui bibliografia
Anexo
ISBN 978-85-393-0232-1

1. Leitura. 2. Livros e leitura. I. Yunes, Eliana. II. Carvalho, Gilda III. Titulo.

12-1610   CDD-028.9
  CDD-028

Editora afiliada:

Asociación de Editoriales Universitarias
de América Latina y el Caribe

Associação Brasileira de
Editoras Universitárias

Sumário

Apresentação

O *Manual de reflexões sobre boas práticas de leitura* é o desdobramento de uma pesquisa que tomou a leitura de cerca de 5.800 projetos ou anteprojetos de leitura no Brasil,[1] e de seu detalhamento exaustivo, para entender como se processam as iniciativas de formação de leitores no país, neste inicio de século. Além da leitura, de seu processamento em análise por uma equipe multidisciplinar de especialistas, procurou-se destacar o que seriam boas práticas e sobre elas trabalhar, ponderando rumos e possibilidades de referência para os que estão em campo, considerando os diferentes espaços, formais e informais, em que as ações se estabelecem.

O trabalho foi ratificado pela presença de pesquisadores da Cátedra Unesco de Leitura PUC-Rio que, em viagem por 17 estados brasileiros, visitaram um número significativo de projetos ainda ativos, na disposição de formar novos leitores.

Muitos outros projetos ainda em marcha não puderam ser visitados – por incompatibilidade entre as agendas de seus coordenadores e as nossas ou porque não recebemos respostas às nossas tentativas de agendar as visitas. Mas foi estimulante ver que, no Brasil, a promoção da leitura já alcança níveis de consciência social expressiva sobre sua importância no desenvolvimento pessoal e profissional dos cidadãos.

---

[1] Trata-se de projetos inscritos no Prêmio Vivaleitura (2006/2007), iniciativa do Ministério da Educação (MEC), Ministério da Cultura (MinC) e Organização dos Estados Ibero-americanos para a Educação, a Ciência e a Cultura (OEI), com o e patrocínio da Fundação Santillana.

Assim, o trabalho em seu conjunto considera que qualquer iniciativa pública de promoção da leitura precisa fazer um mapeamento dos projetos existentes, do histórico de iniciativas bem-sucedidas, com reflexão sobre boas práticas de leitura e disseminação de metodologias e tecnologias de promoção de leitura. Tarefa que pode caber a um verdadeiro observatório de políticas e programas/projetos que se ocupe em atualizar, comentar e orientar o esforço que, nestes últimos trinta anos, deu nova cara ao papel da leitura na educação e cultura.

Isto, inclusive, deveria ajudar os governos a pensar em como dar continuidade a ações anteriores de grande investimento participativo, trazendo sua marca pessoal para a ampliação e sustentabilidade dos projetos. Carecemos, no momento da formação, de redes onde iniciativas de escolas públicas e privadas pudessem postar sua ação; bibliotecas comunitárias e outros setores públicos e privados encontrassem espaço para dialogar sobre seu trabalho – uma rede social da leitura. A formação de agentes e mediadores de leitura merece uma atenção contínua, se não presencial, a distância.

Este *Manual de reflexões sobre boas práticas de leitura* foi concebido em forma de pequenos verbetes que poderão ser lidos segundo os interesses e necessidades de seu leitor, sem perder de vista a articulação das inter-relações entre eles.

Como Introdução, é oferecido o texto "Leitura e ética – ou a ética da leitura", já antes publicado pela coordenadora da pesquisa, que pretende realizar importante introdução ao debate sobre aspectos éticos ligados ao ato de ler e à leitura. Acreditamos que o posicionamento ético e as questões que ele envolve estão sensivelmente relacionados à leitura e sua constituição como prática transformadora de realidades.

Além disso, este *Manual* abrange três grandes temáticas vinculadas à formação de leitores.

Na primeira, "Conceitos", apresentam-se alguns verbetes cuja conceituação é de reconhecida importância para a orientação daqueles que se dedicam a formar leitores. Todos eles têm como pressuposto fundamental uma perspectiva ampla do conceito de leitura, ultrapassando as fronteiras do texto escrito para chegar à concepção de leitura de mundo, tal como nos ensinou Paulo Freire. Essa primeira parte também inclui uma discussão crítica de algumas temáticas subjacentes às práticas pedagógicas usuais, visando apontar o que elas têm de positivo e negativo quando pensamos na formação de leitores como sujeitos e cidadãos.

Em "Práticas", tema da segunda parte deste *Manual*, em vez de enumerar um elenco de práticas como se elas fossem fórmulas prontas, passíveis de ser replicadas de modo acrítico, busca-se sugerir e discutir alguns possíveis caminhos – ou métodos –, associados a um tipo especial de disposição do formador de leitores, que requer o compromisso com a escuta, com a validação das competências e saberes prévios dos alunos, com o incentivo ao pensamento livre, com o reconhecimento das diferenças e, sobretudo, com a possibilidade de se surpreender com o aluno, reconhecendo nele a capacidade de fazer descobertas próprias e dando-lhe o crédito por elas. Foram incluídas, aqui, algumas noções mais universais a respeito da formação de leitores, e outras, mais específicas, que tocam as metodologias empregadas, as atividades desenvolvidas e a avaliação que o trabalho de formação requer.

A terceira parte, a que se denomina "Espaços privilegiados de promoção da leitura", oferece informações e sugestões relacionadas à formação, utilização e manutenção de bibliotecas e acervos, bem como a práticas de incentivo à leitura e formação de leitores que podem – e devem – ser incorporadas ao espaço das bibliotecas e salas de leitura.

Sob a forma de "Apêndices", o leitor também encontrará listas de sugestões de filmes, livros e textos teóricos que têm por tema a leitura, os livros e a importância do ato de ler. Ao organizar os títulos não se teve a pretensão de oferecer uma listagem completa ou definitiva, tarefa impossível de realizar tamanha a diversidade de títulos e sugestões de atividades existentes. Assim, procuramos apenas assinalar aqueles que são fundamentais, e/ou "imperdíveis".

Ao finalizar-se este *Manual*, sentiu-se a necessidade de destacar algumas considerações, embora estas já estejam explicitadas ao longo de todo o seu texto. A primeira é certo "privilégio" conferido a práticas e ações de promoção de leitura desenvolvidas no âmbito das escolas. Essa preponderância do espaço escolar como lugar especial para a formação de leitores reflete a realidade de nosso país, que ainda precisa caminhar no sentido de encontrar – e efetivamente utilizar – outros espaços que garantam a realização do sonho de todos nós: o de o Brasil se transformar em um país de leitores.

A segunda consideração é a de que se procurou oferecer ao leitor um texto ao mesmo tempo consistente, seriamente fundamentado em teorias e práticas, mas leve, assumidamente articulado com a ideia de fazer da leitura uma experiência prazerosa.

Por fim, a equipe de pesquisadores está ciente de que não é possível esgotar o complexo tema da formação de leitores e da importância da leitura na construção de uma sociedade crítica e responsável sobre a vida social e a preservação do planeta.

Assim, este *Manual* pretende ser mais um recurso útil a todos aqueles que, em pequena ou larga medida, se dedicam à tarefa de formar leitores-cidadãos.

Daniela Beccaccia Versiani
Eliana Yunes
Gilda Carvalho

Introdução

Leitura e ética ou A ética da leitura

Eliana Yunes

Por mais que proclamemos a liberdade de pensamento a que a leitura conduz, se a interação estimula a visão crítica de nós mesmos e do mundo, não nos é possível ignorar nas sociedades modernas a exigência ética e complexa implícita na formação do sujeito histórico, capaz de responder ao desejo do maior bem, material e espiritual, para si e para os demais, neste planeta que ficou pequeno e no qual tudo tem efeitos recíprocos.

Não estamos aqui apresentando a condição leitora como panaceia para todos os males do mundo. Longe disso. Conhecimento não se confunde com caráter. Há grandes leitores/pensadores/escritores que nos surpreenderam em suas perfídias. Temos as nossas, por certo.

Contudo, é imperioso lembrarmos da extensão a que nos leva a leitura, sobretudo a literária, artística – mas não só ela. A consequência maior do aprendizado da leitura reside na ampliação dos horizontes de mundo e da capacidade neurológica de pensar. A leitura é, pois, instrumento para tornar-nos efetivamente humanos, mais que racionais, uma vez que a sensibilidade animal e vegetal que nos habita também precisa de refinamento e apuro. Para tanto, não se requer uma dimensão religiosa e mística do mundo e da pessoa. O que se demanda é coerência com a logicidade eleita pelo leitor e, por isso mesmo, o assumir-se como autor, seguro de uma "autoridade" que lhe permita escrever e subscrever um texto, uma leitura, uma resposta a situações de vida, ficcionais ou não.

Ler para quê? Temos respondido que lemos para nos *in*-formar. Para *inter*-agir melhor. E lemos literatura para quê? Para nada, paradoxalmente. Contudo, a ficção nos convoca a repensar-nos e à vida. Um ensaio. Não há regras nem respostas definitivas propostas em um conto, crônica, romance, poema que se pretenda sobreviver a quem o escreveu. As lições não são duradouras quando se propõem como enquadramentos. A experiência que nos perpassa diante de uma obra "clássica" – isto é, *que entrou para a classe* – se renova porque ela nunca deixa de dizer a que veio, nos relembram a seu modo Eco e Calvino. Esse "efeito" é incontrolável, imensurável, inqualificável, até. A cognição e os afetos têm combinatórias e caminhos pessoais idiossincráticos.

Um bom leitor, no entanto, pelo filtro das narrativas e da poesia pode entrever o verdadeiramente humano que daria a todos o paraíso prometido. Não o perdido, no passado, mas o buscado, no futuro. É muito? É muito, sim: tem o tamanho do desejo que se defronta com a falta que cala.

Conceitos

A leitura é uma janela para o mundo: permite-nos
viver vidas alternativas, fugir da prisão tempo-espaço
e ter acesso ao desconhecido.

Cláudia Costin

Por um conceito amplo de leitura

Ouçamos a voz de Paulo Freire: "A leitura do mundo precede a leitura da palavra, daí que a posterior leitura desta não possa prescindir da continuidade da leitura daquele. Linguagem e realidade se prendem dinamicamente. A compreensão do texto a ser alcançada por sua leitura crítica implica a percepção das relações entre o texto e o contexto" (Freire, 2001, p.22).

Ninguém aprende a ler nos livros: todos aprendemos a ler lendo o mundo à nossa volta. Lemos na natureza o tempo que vai fazer, ou em que estação do ano estamos; lemos nos rostos e gestos dos que nos cercam se estão felizes, tensos, tristes, irritados; lemos sinais, placas, imagens; lemos cores, sons; usamos nossos cinco sentidos no ato de ler o mundo e somente por isso, um dia, aprendemos a ler a palavra escrita.

Portanto, no processo de formar leitores e ensinar a gostar de ler devemos ter em mente um amplo conceito de leitura, ainda mais no mundo em que vivemos, onde recursos multimídias estão cada vez mais disponíveis para todos. A leitura não está restrita a um universo letrado e escolarizado: o bom leitor é o que estabelece relações, associa fatos e leituras anteriores, analisa contextos, tira suas próprias conclusões. Pode ser um analfabeto, mas não está impedido de ler seu entorno.

É preciso ensinar os diversos códigos para criar competências leitoras. Por exemplo: alguém devidamente familiarizado com a leitura da palavra escrita e que se veja, pela primeira vez, diante de um programa de computador terá de aprender a ler o seu funcionamento, terá de compreender o seu mecanismo (a sua gramática), até que se torne, nesse ambiente, um leitor competente. É preciso quebrar paradigmas e abrir espaço para a leitura em diversos suportes, se desejarmos efetivamente formar leitores cada vez mais capazes.

Há linguagens diferentes no mundo e não apenas uma diversidade de línguas. É preciso aprender a ler a fotografia, a pintura, a política, os jogos, as cidades tal como se apresentam. Preparar uma exposição de objetos no museu é criar um certo texto que outros olhos vão ler, atribuir sentido e interpretar.

Um grande pensador do século XX, Michel Foucault, dizia que "toda linguagem já é uma interpretação do mundo".

Oralidade, leitura e escrita

O mundo alfabetizado condicionou nosso olhar: a leitura se associa à palavra, ao texto. Esse condicionamento nos faz esquecer a própria história da humanidade, onde tudo começou com a palavra dita – a oralidade.

Antes da escrita, a história ou a memória de um grupo era transmitida oralmente, como uma experiência da coletividade. Não havia o registro escrito e nem por isso os saberes deixavam de ser compartilhados, interpretados (lidos) e transmitidos. Por isso, podemos pensar que a leitura do mundo precede a escrita da palavra e a sua respectiva leitura, conforme afirmaram estudiosos como Paulo Freire (2001) e Eliana Yunes (2002a). Contudo, ambos também concordam que a leitura no mundo letrado, a leitura da palavra é determinante para a leitura do mundo.

Ora, a capacidade da leitura está diretamente ligada à construção do sujeito, àquela competência básica de ele refletir sobre o que conhece e, munido do seu próprio imaginário, recriar, repensar o que está posto.

No mesmo ato em que nomeia a natureza, o homem a interpreta; ou seja, desde o primeiro olhar o homem dá significado às coisas e lhes atribui imaginariamente funções e designações: o homem as lê (Yunes, 2002c, p.53).

Com a introdução da escrita, podemos dizer que surge também uma certa "ditadura" da letra. É o velho "vale o que está escrito", como se a palavra grafada fosse definitiva e estivesse a salvo da interferência daquele que dela se apropria (o leitor).

Se queremos trabalhar com a leitura e a formação do leitor, precisamos, de imediato, descolar nosso pensamento do conceito de que só é possível ler a palavra escrita. Quando abrimos a janela para ver como está o tempo lá fora, estamos lendo, interpretando sinais que nos ajudarão a decidir de que modo sairemos vestidos naquele dia.

Ensinar a ler, portanto, não é apenas habilitar alguém a lidar com o código verbal escrito, decodificando letras, mas é, sobretudo, *ensinar a ser* – estimulando a capacidade de reflexão e valorizando a história de cada um, no processo de tornar-se sujeito, porque todos são capazes de ler e todos têm, na sua história pessoal, informações e experiências que sempre afetarão suas leituras, seu modo de ler e interpretar o mundo, os gestos e as palavras (ditas ou escritas):

> [...] resgatar a capacidade leitora dos indivíduos significa restituir-lhes a capacidade de pensar e de se expressar cada vez mais adequadamente em sua relação social, desobstruindo o processo de construção de sua cidadania que se dá pela constituição do sujeito, isto é, fortalecendo o espírito crítico. (Yunes, 2002c, p.54)

O processo da leitura, portanto, precede o ensino formal do letramento e da alfabetização. Mais ainda, só escreve quem sabe ler, já que a escrita é uma expressão do que somos, do que pensamos: um registro do mundo que lemos.

Veja também:
• A responsabilidade de formar leitores

A importância da memória

Os dicionários oferecem diversos significados para a palavra "memória". Queremos considerar aqui apenas a ideia de memória como a propriedade de conservar informações, sobretudo aquelas históricas, afetivas e culturais. Isso nos ajudará a entender por que a memória é tão importante nas sociedades orais, nas quais a acumulação desse tipo de conhecimento faz parte da vida cotidiana e é fator principal para sua sobrevivência.

Assim, tanto nas sociedades ágrafas (onde não há sistema de registro escrito) como nas sociedades em que a escrita ocupa um lugar preponderante, a memória está ligada à identidade e aos saberes de um povo. Nas primeiras, esses saberes são armazenados quase que individualmente, e a transmissão oral, direta, inclui a representação corporal, importante para a compreensão de certos significados. Nas outras, o registro escrito permite a conservação de acontecimentos e conhecimentos apreendidos, servindo como um suporte no qual a vida mesma é depositada em linhas, para futuras consultas e formação de gerações. Mas, se o registro frio de informações funciona quase como um arquivo, por meio das figuras da linguagem e da poesia, o texto conquista outro patamar, e, prescindindo do corpo, faz aflorar a memória de sentimentos e sensações às vezes escondida nos indivíduos.

Então, qual é o papel da memória na formação do leitor? Primeiro, o de resgatar as histórias individuais: histórias de vida, de dificuldades, de conquistas, de seus posicionamentos – como pessoas e cidadãos. Segundo, para lembrar que antes mesmo de ser alfabetizada, uma pessoa já é capaz de ler o mundo e, assim, de quebrar a barreira dos academicismos. Como dizia Inácio de Loyola, lá no século XVI, "não é o muito saber o que satisfaz a alma, mas o sentir e saborear as coisas internamente" (Loyola, 1990, p.13). Terceiro, porque o texto, em particular o literário, ao tocar sentimentos e sensações, requer que o leitor saiba lidar com a rede que aquele texto passa a tecer com sua vida, conferindo-lhe, assim, importância e significado.

Veja também:

- Oralidade, leitura e escrita
- A importância das narrativas

Ler ou decodificar?

Vamos estabelecer uma diferença muito importante entre *o que é ler* e *o que é decodificar*.

A decodificação é um processo objetivo: aprendemos um código (podem ser letras, sinais, imagens) e memorizamos o que esse código significa – estamos no âmbito da compreensão automatizada.

A leitura é um processo subjetivo: compreendemos o código e sabemos contextualizá-lo para dar a ele uma significação, transformando-o em experiência – estamos no âmbito da interpretação, da apropriação do saber.

Essa é uma diferença que precisa ficar clara.

De nada adianta juntar as letras da palavra "PARE" em uma placa em um cruzamento se não pudermos contextualizar todas as informações que nos levem, enfim, a ler a mensagem de que é preciso parar antes de atravessar o cruzamento ou podemos causar um acidente (ou sofrer um!).

No processo de alfabetização, por exemplo, essas competências têm de estar integradas. A criança que conhece as letras e é capaz de juntá-las, formando uma palavra só, estará lendo quando souber dar significado a essa palavra em um contexto e, mais do que compreender o texto, puder interpretá-lo – fazendo a sua leitura do texto.

A decodificação seria a etapa primeira, mas só há processo de leitura quando o que é decodificado ganha sentido para aquele que lê. Nas palavras de Eliana Yunes:

> [...] quem lê o faz com toda a sua carga pessoal de vida e experiência, consciente ou não dela, e atribui ao lido as marcas pessoais da memória, intelectual e emocional. Para ler, portanto, é necessário que estejamos minimamente dispostos a desvelar o sujeito que somos [...]" (Yunes, 2003, p.10)

Quem decodifica dá a ver o texto; quem lê dá a ver uma parte de si mesmo...

O leitor e a intenção autoral

Leitura e subjetividade se conjugam. No exercício de criação de sentidos, presente sobretudo na leitura de textos literários, o sujeito se transforma por meio do diálogo com o texto, o que proporciona uma mudança no modo de encarar determinadas situações. A leitura do texto literário é fundamental como espaço de experimentação. O universo do imaginário dá ao leitor a possibilidade de transformar a experiência do outro em sua própria, recuperando um pouco aquela função das narrativas da tradição oral que resgatavam para a comunidade um saber ancestral. Além disso, o texto literário abre as portas da imaginação e da reflexão e, de forma lúdica, traz para o leitor conhecimentos sobre História, Filosofia, Religião, Geografia, Ciências; ou seja, traz o mundo inteiro ao leitor, permitindo que ele se transforme por meio do ato de ler. Lembremos Barthes: a literatura é fundamental, a única (in)disciplina que não pode desaparecer do currículo, porque abre portas para muitas outras (Barthes, 1980).

Por isso, causa perplexidade que ainda hoje muitos estudantes tenham de responder e completar fichas de leitura e questionários ao ler um livro de literatura, ou que alguns professores façam a(s) pergunta(s): "O que o autor quis dizer com isso? Qual foi sua intenção?"

De que valem essas perguntas se sabemos que a intenção do autor é secundária para o entendimento de um texto literário ou para o prazer que sentimos ao lê-lo?

Muitas vezes não há como definir com certeza qual teria sido a intenção do autor, ou porque essa intenção não foi expressa por ele, ou porque, infelizmente, ele pode já estar morto; ou, ainda, porque ela nunca existiu de fato. Além disso, se um dado autor teve realmente alguma intenção ao escrever um texto, isso não significa que os leitores não possam atribuir ao mesmo texto sentidos e significados nem de longe imaginados por aquele que o escreveu.

Perguntar sobre a intenção do autor ou o que ele quis dizer destitui o leitor de sua própria imaginação e capacidade de criar sentidos. É claro que podemos ficar curiosos para saber quais foram as intenções de um autor ao escrever um livro, um poema, um romance. Podemos até mesmo perguntar a ele, se isso nos for possível. Porém, devemos ter presente que esse é apenas um ato de especulação que não deve interferir na leitura em si e em suas consequências.

As intenções, existindo, mudam com o tempo, para o próprio autor. Mesmo sendo um ato de vontade, elas podem indicar posições, pensamentos, ideologias que o autor nem mesmo imagina estarem transparecendo a um leitor arguto.

Por outro lado, as palavras armadas em frases, parágrafos, textos trazem sua própria dose ou carga de sugestões, interagindo com quem as diz e com quem as lê.

As linguagens, como em um jogo em que as pedras mudam de valor segundo a posição, podem surpreender o escritor e o leitor.

 Veja também:
- A leitura e a interpretação correta
- Avaliação: uma questão complexa

A leitura e a interpretação correta

Vamos começar a falar de interpretação "ouvindo" as palavras de um professor que tem se dedicado a formar leitores: "[...] mas a vitalidade não esteve jamais inscrita no programa das escolas. A função é que está lá. A vida está em outro lugar. Ler é algo que se aprende na escola. Gostar de ler..." (Pennac, 1993, p.79).

E por que não se aprende a gostar de ler na escola? Muitas vezes, permitimos que os planejamentos, objetivos e metas sejam muito mais importantes do que nossa função primeira: a de *encantar*, porque somente o desejo de saber mais sobre alguma coisa é capaz de nos mobilizar e nos mover neste sentido. De que adianta colocar o livro na mão do menino e, em seguida, anotar no quadro o dia da prova sobre o livro, ou um questionário sobre o texto (dirigindo assim a leitura e impossibilitando que cada um "viaje" nas entrelinhas)? Pior ainda: no dia marcado para a "avaliação" da leitura do livro, começar a aula com aquela clássica pergunta: "O que o autor quis dizer?" Sobre isso, há uma história memorável: uma menina de dez anos, confrontada pela professora com tal pergunta, respondeu com a sábia lógica infantil: "Não sei, eu não conheço o autor e por isso não posso perguntar a ele".

Diante de uma resposta como essa, há dois caminhos: ou classificamos a aluna de indisciplinada ou repensamos o modo como a formação de leitores é trabalhada.

Fiquemos com a segunda via. Aproximar crianças e jovens da leitura tem de necessariamente passar pelo encantamento, pelo convite, *pela valorização da experiência individual no contato com as histórias.* Um mesmo texto pode proporcionar diversas leituras, e investir nessa pluralidade é abrir para o leitor as portas de um mundo sem fronteiras, onde aquele que lê participa da construção do sentido juntamente com o autor, apropriando-se, assim, da história – e tudo aquilo de que nos apropriamos passa a fazer parte de nós, será nosso para sempre.

Isso não significa que toda e qualquer interpretação seja aceitável, e é justamente neste ponto que o professor/formador deve atuar. Um mesmo texto pode gerar várias leituras, mas não se pode perder de vista a coerência, os limites que são dados pelo próprio texto e pelo contexto em que ele desempenha uma função.

A interpretação de um texto deve se fundamentar em argumentos que possam ser extraídos dele. Cada leitor deve ser estimulado a percorrer o seu caminho no processo de significação de um texto e deve ser igualmente estimulado a estabelecer relações, reflexões e argumentos que lhe permitam compartilhar esse percurso com outros leitores. Dando um exemplo rápido: neste exato momento poderíamos pensar em várias leituras (interpretações) para a história de Chapeuzinho Vermelho: uma seria a do perigo de descartarmos a voz da experiência; outra, sobre a importância de aprendermos com nossa própria experiência; uma terceira, sobre o fato de que todas as escolhas geram uma consequência, ou, ainda, sobre aprendermos a superar nossos limites em cada escolha que fazemos. Mas nunca poderíamos dizer que a história fala do surgimento de uma profunda amizade entre o Lobo Mau e Chapeuzinho, pois não há, no texto, argumentos que validem essa leitura.

Quando abrimos mão de provas, fichas de leitura, relatórios, para "avaliarmos" ou "verificarmos" se uma leitura foi ou não realizada e, em seu lugar, investimos nosso tempo no convite à leitura, no estímulo ao compartilhamento das leituras pessoais, no debate que estimula a reflexão e a construção de argumentos, em atividades multidisciplinares que permitam a crianças e jovens expressarem sua leitura em desenhos e outras formas lúdicas de expressão, com certeza estamos no caminho não apenas de ensiná-los a ler, mas a gostar de ler. Lembremos as palavras de um autor que tem dado grande contribuição para a área da leitura e interpretação, Umberto Eco: "[...] numa história sempre há um leitor, e esse leitor é ingrediente fundamental não só do processo de contar uma história, como também da própria história" (Eco, 1994, p.7).

Veja também:

- Avaliação: uma questão complexa
- Avaliação e variação interpretativa
- Avaliar pelo critério da coerência

PRÉ-conceitos em relação a livros, leituras e autores

Experimente perguntar a seus alunos ou aprendizes: "Quem aqui gosta de ler?" Com certeza, você verá poucas mãos erguidas. Repita a pergunta desta forma: "Não acredito que ninguém aqui goste de ler! Ninguém aqui lê gibis, alguma revista, algum caderno do jornal?" Desta vez você verá muitas mãos erguidas. Esse comportamento se explica por uma única palavra: pré-conceito.

A sociedade e a própria escola são fundamentais na validação de uma postura contraproducente no que se refere à formação de leitores. Normalmente, quando nos dirigimos aos jovens e crianças para falarmos de leitura, nos referimos a determinado tipo de leitura: em geral a que é feita nos livros – e em livros de autores socialmente consagrados pela academia. Assim, o menino que devora montanhas de gibis segue achando que não é leitor; aquele outro que sabe tudo sobre automóveis ou futebol, porque lê tudo o que aparece sobre o assunto, também pensa que não gosta de ler; o outro, fã de filmes e desenhos animados, acha que não está lendo nada; aquele lá, que já deu cabo de toda a coleção de livros do autor da moda, nem vai pensar em erguer a mão porque a professora já disse que ele só lê bobagem.

Toda leitura é válida, todo suporte de leitura é pertinente quando buscamos o ato de ler como uma prática de prazer. É preciso deixar de lado os pré-conceitos e usar tudo o que as crianças gostam de ler para aproximá-las cada vez mais desse universo. É importante poder apresentar a elas novas opções sem, jamais, preestabelecer juízos de valor ou hierarquias.

Existem competências necessárias ao ato de ler que precisam ser exercitadas, tais como: a concentração, a capacidade de interromper a leitura e retomá-la mais tarde sem que haja a perda da compreensão e da memória. É muito mais fácil desenvolver essas aptidões a partir de textos escolhidos pelo leitor do que a partir de textos que lhe são impostos, respeitando assim o gosto de cada um. É importante não discriminar nenhum leitor em formação, qualquer que seja sua idade, classificando de *não leitor* aquele que está fora da prescrição do currículo escolar. Essa é uma prática fundamental.

Fica aqui uma reflexão de Ezequiel Theodoro da Silva:

> Outros propósitos devem orientar a leitura no contexto escolar: parar de ler para memorizar normas gramaticais ou conteúdos cristalizados [...], a passos largos, começar a ler para enxergar melhor o mundo [...] parar de ler [...] ou apenas imitar, na base da osmose, os cânones dos clássicos e, a passos largos, começar a ler para compreender esta nossa sociedade e para nos compreendermos criticamente dentro dela [...]. A passos largos, ir desautomatizando, ir desrotinizando os protocolos conservadores que regem a leitura em todos os graus de ensino deste país. (Silva, 1995, p.13)

Veja também:
• Por um banquete farto e variado

Projetos de leitura e práticas pedagógicas

Vamos estabelecer aqui uma diferença muito significativa a partir da seguinte pergunta: o que é um projeto de leitura e o que são práticas pedagógicas de leitura?

As *práticas pedagógicas* são ações pontuais, dirigidas a determinado grupo. Por exemplo: os círculos de leitura, a estante de leitura na sala de aula, o reconto, a contação de histórias, os clubes do livro: tudo isso são práticas pedagógicas. É possível que em uma escola vários professores realizem atividades pedagógicas para estimular a leitura e formar leitores, mas isso ainda não constitui um projeto.

Um *projeto de leitura* reúne uma série de práticas pedagógicas e atua em toda uma comunidade de modo que contribua para o desenvolvimento social a partir das transformações que pretende realizar – no caso, por meio da leitura.

Assim, se na escola vários professores desenvolvem práticas pedagógicas de leitura, eles podem se reunir e criar um projeto de leitura, levando essas práticas para toda a comunidade escolar: alunos, professores, direção, funcionários, familiares. Desse modo, o projeto passa a ter um objetivo maior: o de promover o desenvolvimento social de uma comunidade por meio da leitura.

Vamos pensar mais além... O agora projeto de leitura da escola pode buscar parcerias com ONGs e organizações da sociedade civil e estender as práticas do projeto para outros espaços, ampliando sua atuação. Ou, ainda, ser replicado em outras escolas.

Como se vê, o projeto de leitura é algo muito mais abrangente do que a prática pedagógica, e se propõe a uma ação efetiva e de alcance mais permanente, possibilitando o direcionamento de diversas práticas pedagógicas para um fim muito maior.

Por fim, os projetos articulados de alguma forma com certeza podem transformar-se em plano: plano municipal de leitura (no qual escolas, hospitais, clubes, igrejas, bibliotecas, cinemas etc. tracem suas estratégias comuns); plano estadual de leitura, em que os municípios se associem para otimizar seus recursos; plano nacional de leitura, em que linhas e estratégias de apoio sejam abertas como prioridades na implementação de uma sociedade leitora

Projetos de leitura e projetos de cultura

Cultura e leitura são conceitos de naturezas distintas, mas fortemente relacionados. De uma forma muito básica, a cultura abrange o sistema de práticas e costumes de determinado grupo social, que influenciam e caracterizam o fazer artístico, religioso e de relações interpessoais e institucionais do mesmo e levam em consideração os contextos históricos, geográficos e antropológicos experimentados por aquele grupo ao longo de sua existência (Laraia, 2001). Assim, é possível tanto se pensar na cultura específica de um único povo vivente em um mesmo país (espaço geográfico e história comum), quanto em diferentes povos encontrados em um mesmo país (por exemplo, no Brasil, a região amazônica, com forte presença das tribos indígenas ou a Região Sul, com os imigrantes de origem europeia) e, ainda, em diferentes povos em diferentes países (como os chineses e japoneses no bairro da Liberdade, em São Paulo, ou em Chinatown, em Londres).

Assim, a cultura de um povo engloba as tradições civis e religiosas, os cultos e ritos, o folclore, as narrativas, os sistemas morais e de relacionamentos diversos, além das produções artísticas, e, geralmente, se manifesta onde quer que esse povo esteja localizado no mundo.

Por sua vez, a leitura é também basicamente uma habilidade – adquirida pelo ser humano – intrinsecamente relacionada à linguagem, facultando ao homem a compreensão sobre o mundo que o cerca e os diversos papéis que exerce em sociedade, inclusive aqueles relacionados à cultura específica do grupo (ou grupos) em que se insere. Portanto, conforme nos ensina a professora e pesquisadora Eliana Yunes, em consonância com outros tantos autores, "ler é o modo pelo qual o homem organiza o mundo, segundo a 'linguagem' que inventa a sua construção: Ler é realizar a *experiência* de *se* pensar *pensando* o mundo" (Yunes, 2002b, p.25).

Se entendermos, então, que a leitura é tal habilidade, não podemos considerá-la um "subsistema" do sistema maior da cultura – nem, tampouco, *a própria cultura em si*, como se esta funcionasse como um sinônimo ou análogo da leitura. Fazemos essa advertência de modo tão objetivo em razão de existirem propostas de atividades de cunho basicamente cultural entendidas equivocadamente como sendo atividades ou projetos de promoção da leitura. Por exemplo, uma atividade cuja finalidade seja realizar levantamento de dados em determinada localidade, considerando-se, além de seus aspectos geográficos e sociais, também aqueles relacionados às manifestações artísticas e literárias. Ou um trabalho de divulgação da produção de artistas ou escritores locais, que tanto pode ser considerado uma simples atividade pedagógica como um projeto de promoção cultural. Nesses casos, há que se ter em conta aqui o objetivo do trabalho, pois um mapeamento cultural ou uma atividade de divulgação cultural, ainda que envolvam leitura, são ações nas quais a leitura é apenas um instrumento do qual se utiliza o agente para apropriação do conhecimento que deseja obter ou divulgar. A leitura funciona, portanto, como uma ferramenta, e não como a meta a ser atingida. Contudo, ela está lá, presente, no modo como você seleciona a coleta de dados etc.

Quando, porém, o trabalho proposto tem como objetivo claramente definido a formação do indivíduo como leitor, seu foco principal será o texto, de qualquer gênero, em qualquer suporte, e expresso por escrito ou oralmente. Mas se, em geral, as atividades – ou projetos – de formação de leitor envolvem manifestações que se incluem no mundo da cultura (como apresentações teatrais, produção textual, produção musical, desfiles etc.), isso ocorre não porque *leitura* seja um sinônimo (ou um análogo) de *cultura*, mas porque a apropriação do texto e a transformação que ele pode provocar em seus leitores devem levar à constituição de um novo indivíduo – aquele que assume e exerce, verdadeiramente, seus diferenciados papéis no mundo, tornando-se capaz de nele realizar variadas incursões e transformações.

Nesse caso, a leitura de ocorrências ou disposições em um contexto suscita, no indivíduo que aprendeu a ler o literário, uma ideia de que certo texto está em construção. É o que fazem os escritores que, lendo o mundo, o escrevem em seguida.

Práticas

Livro é passaporte, é bilhete de partida.
Bartolomeu Campos Queirós

A responsabilidade de formar leitores

O processo de formação de leitores inclui sempre um mediador: na escola, o professor; no espaço familiar pode ser o pai ou a mãe, um avô, uma tia, um irmão mais velho. Em geral, quando discutimos a questão da leitura, pensamos na criança, no aluno – naqueles que queremos tornar leitores. Esquecemos, porém, nesse processo, aquele que irá conduzir o leitor à descoberta do mundo mágico da leitura.

A primeira pergunta a se fazer é: "Eu, que quero tanto formar leitores, sou um leitor?" Quantos professores ou pais que vivem dizendo a seus alunos e filhos: "você precisa ler", "ler é importante" dão o exemplo da leitura? Só podemos despertar o prazer de ler em alguém se esse prazer está em nós.

A responsabilidade do mediador é decisiva, pois ele deve ser como um encantador, alguém que convida o outro a descobrir um universo mágico, de possibilidades infinitas. Esse convite não pode ser uma dura convocação, nem uma imposição: tem de ser um chamado. Gestos simples, como o de deixar um livro ao alcance da criança; contar uma história ou falar com entusiasmo de um livro que lemos são atitudes que fazem toda a diferença.

Leitura é mais do que um processo de decodificação de símbolos. E formar leitores é mais do que colocar livros ou imagens na frente de uma criança ou jovem.

Descobrir a leitura é um longo processo, que forma subjetividades. E formar leitores é ajudar pessoas no caminho dessa descoberta, é ensiná-las a gostar de ler, é ser o mediador do prazer que há em se descobrir (no sentido de descobrir a si mesmo) lendo.

Aprender a ler é coisa de criança?

Quando uma criança aprende a ler ocorre toda uma mobilização para ajudá-la a constituir-se um sujeito-leitor. Todo o ciclo básico do ensino fundamental é marcado pela preocupação dos professores em tornar a leitura uma parte integrante do dia das crianças. Trabalham-se o lúdico, o divertido, o prazer – e as crianças leem!

Mas... chega o segundo segmento do ensino fundamental e tudo muda. É como se a tarefa de formar o sujeito-leitor estivesse terminada, ou, pior que isso, a leitura passa a ser obrigatória, e nada de criatividade: o negócio agora é a prova sobre o livro. O que era gostoso vira obrigação, tédio e... lá se vai embora um leitor.

Uma criança que gosta de ler será um adulto leitor se o estímulo dos primeiros anos para a leitura permanecer vivo em sua adolescência. O processo de formação do leitor de qualquer idade e em qualquer tempo tem de estar associado ao prazer, ao exercício reflexivo, à possibilidade de o leitor expressar suas descobertas, até que, mais do que um prazer, ler seja parte de sua vida e ele possa seguir assim: lendo e sendo.

Ler provém do verbo *legere*, que também na língua latina significa LER. Mas, se consultarmos um dicionário de latim, veremos que *legere*, em sua primeira concepção, denotava o ato de colher, juntar, armazenar. Pertencia ao vocabulário agrícola e agrário; colhia-se para armazenar o produto a fim de garantir a sobrevivência durante os meses de inverno.

Um ato muito importante, pois essencial à preservação da vida.

Contudo, colher não é apenas apanhar e juntar, mas também selecionar, escolher os frutos da terra que irão alimentar as pessoas e, consequentemente, garantir a saúde e a sobrevivência pessoal e comunitária.

Ora, se ler é um ato de juntar e armazenar, é também uma ação de aprendizagem e compreensão do mundo. Então, ler não é coisa de só criança: é coisa de todas as pessoas em todas as idades. Evoluímos como leitores, tal como evoluímos como pessoas.

Se desde muito cedo a criança percebe a importância da leitura na sua vida e no seu desenvolvimento, ela cresce e torna-se um adulto leitor.

Há formas de envolver as crianças nesse processo desde cedo. Contando-lhes histórias ao pé da cama, durante os passeios, às refeições; visitando lugares com cheiros de leitura e cheios de leitores. E oferecendo a elas desde sempre muitos livros.

Nem sempre uma criança que tenha tido acesso à leitura será, quando crescer, um leitor de livros. Mas ela será, provavelmente, alguém que sabe colher no mundo leituras importantes para a sua vida e para o desenvolvimento de sua visão crítica. É preciso ter em mente que o leitor adulto de hoje foi criança um dia e conseguiu, ao longo dos anos, juntar e armazenar muitos conhecimentos, de diversos tipos, gêneros e linguagens, para melhor entender o mundo que o cerca.

Veja também:

- A responsabilidade de formar leitores
- A importância de formar leitores de todas as linguagens e mídias
- A importância de saber ler textos verbais e não verbais

A importância do entusiasmo e da sinceridade dos adultos

Em seu livro *Como um romance*, o escritor francês Daniel Pennac (1993, p.97) narra uma história bastante interessante sobre a importância do entusiasmo dos adultos que se propõem a formar leitores. É a história de uma jovem candidata à vaga de professora de literatura em uma universidade de renome. O exame para conseguir essa vaga consiste em apresentar uma aula pública sobre um importante romance.

Na grande sala de aula, que mais parece um anfiteatro, estão os seis professores que irão avaliá-la. E, além deles, alguns parentes e amigos que, para apoiar a jovem candidata, lá também estão para assistir à aula.

A jovem, sabidamente muito capaz, está no entanto muito nervosa com o exame ao qual precisa se submeter para conseguir a vaga, e não consegue dar início à aula que preparou. Os membros da banca de avaliação percebem seu nervosismo.

Como ocorre nas belas histórias, esses seis professores desejam, de fato, que a jovem candidata dê o melhor de si. Então, após esperar durante algum tempo que ela se acalme, e percebendo que isso não acontece, eles se põem a confabular entre si. A jovem, ao ver que os examinadores estão falando baixinho – certamente sobre ela –, sente o seu nervosismo aumentar. Mas, para surpresa dela, depois de fazerem suas considerações em segredo, um dos professores examinadores a interpela, com olhos de criança, e lhe pede:

– Senhorita, dê-nos a vontade de ler.

Em seguida, um segundo examinador acrescenta, com voz infantil:

– Dê-nos a verdadeira vontade de ler!

Por fim, um terceiro lhe pede, com a ansiedade de um menino:

– Leia para nós, senhorita!

A história contada por Daniel Pennac, que mais parece um conto de fadas, ilustra muito bem o que deveria ser a maior prova da competência de alguém para formar leitores: antes de qualquer outra coisa, ser um leitor *de verdade*, ser um leitor que *ama o que lê*, sejam textos literários ou qualquer outra linguagem da arte: pintura, escultura, cinema, teatro, música.

O professor ou qualquer adulto que deseje ajudar o processo de formação de um leitor deve antes de tudo ser verdadeiro em relação ao seu próprio entusiasmo. Há professores, pais, adultos que gostam de dizer "as crianças precisam ler", quando eles mesmos não gostam ou não têm entusiasmo pela leitura.

Mesmo assim, esse adulto pode – e deve – expressar para a criança um entusiasmo verdadeiro em relação à vida e à arte.

Em seu ensaio *A família e o leitor,* a educadora Sonia Rodrigues Mota nos fala com muita propriedade sobre essas questões no âmbito da família. E, certamente, suas colocações podem ser ampliadas também para outros espaços, como o da escola. Em uma passagem do ensaio, Sonia Mota discute a importância de a relação entre adultos e jovens ser fundada sobre o afeto e a sinceridade:

> Adultos responsáveis por crianças, quer sejam seus pais ou não, cometem, às vezes, o equí-

voco de tentarem agir da forma que consideram correta, sem muita convicção. Internamente, eles não estão mobilizados para os valores que tentam transmitir ou para as atitudes que pretendem formar. A criança percebe, sempre, que existe alguma coisa falsa no ar, mesmo quando não sabe exatamente o que é. Ela recebe uma dupla mensagem: por um lado, o que o adulto recomenda que faça; por outro, o que ele faz [de fato] a respeito daquilo. (Mota, 1995, p.21)

Mais adiante, a autora aponta caminhos, mostrando a importância de o adulto vivenciar e partilhar com a criança, de forma verdadeira, seus próprios entusiasmos:

> Creio que esse descompasso entre o que as pessoas acreditam que é o seu dever transmitir às novas gerações e o que elas de verdade querem fazer é um dos maiores obstáculos à efetiva iniciação estética e ética dentro do lar. Como é possível formar seres humanos íntegros e independentes, quando existe uma diferença tão grande entre a palavra e a ação? [...]

O adulto que assume a criança como um interlocutor numa relação de afeto e sinceridade está oferecendo um modelo ético importantíssimo. Mesmo que não tenha o hábito de ler livros, será capaz de dividir com a criança outros espaços de beleza e prazer. Poderá não levá-la a uma biblioteca ou livraria, mas talvez a acompanhe ao cinema e comente o filme depois. Ou, quem sabe, compare a trama de uma telenovela com história ou "causos" que escutou na infância, à semelhança de determinadas personagens com pessoas conhecidas. Poderá, também, introduzi-la no mundo da informática, se for um adulto que considere atraente a linguagem da computação. Levá-la a partilhar de seu gosto por música ou teatro. Enfim, assumindo, de forma sincera, o que para si é um prazer, o adulto estará mais facilmente formando um leitor, no sentido amplo, do que se insistir no esforço, além de tudo inútil, de convencer uma criança a praticar uma coisa que, à sua volta, ninguém faz. (Mota, 1995, p.21)

O adulto que dedica de fato parte do seu tempo à criança ou ao jovem, considerado-os de fato seus interlocutores, não apenas forma um leitor, mas "também forma alguém com mais chances de estar convencido do seu direito de usufruir do prazer e da beleza" (ibidem, p.23). Isso não é pouco.

Ler por prazer, ler por obrigação

Segundo Roland Barthes, o "texto do prazer" é "aquele que contenta, enche, dá euforia; aquele que vem da cultura, não rompe com ela, está ligado a uma prática *confortável* da leitura" (Barthes, 1996, p.21-22, grifo do autor). Lê-se por prazer quando o texto nos fala ao coração, quando encontra nossos anseios, vontades, habilidades e outra gama de sentimentos que nos confortam e mobilizam sem que sintamos necessidade de qualquer esforço maior que a simples leitura. Ler por prazer permite superar o que o autor imprime em seu texto. A leitura prazerosa permite avançar no texto como que em uma torrente, ou aos borbotões, não importando se isso significa pular algum trecho ou comentário; o leitor constrói seu itinerário como um viajante em mar aberto que não tem outro objetivo senão o de deixar-se conduzir até encontrar (ou não) seu porto.

A leitura por obrigação – não necessariamente fonte de desprazer – remete a um outro tipo de postura do leitor em relação ao texto. Ela exige "não deixar passar nada; ela pesa, cola-se ao texto [...]" (Barthes, 1996, p.19). Não se trata aqui da leitura (ou apenas dela) exigida para a absorção dos conteúdos curriculares necessários à vida escolar, mas da leitura que "faz pensar", no sentido de levar à produção de novos sentidos para o texto lido, ao estabelecimento de relações não pensadas anteriormente, de deixar [o leitor] abalar-se em suas convicções históricas ou psicológicas, em seus gostos ou valores... Ler por obrigação requer do leitor um estado de atenção especial que permita o encontro dos meandros do texto (comentários, notas, ilustrações, e outros...), que faculte a reflexão e a produção de pensamento e novos significados.

A importância de formar leitores em linguagens e mídias diferentes

A rapidez estonteante com que recebemos novos dados sobre o mundo e a realidade em que vivemos, sobre nosso passado e futuro, sobre os acontecimentos mundiais e os do nosso bairro nos leva à necessidade de nos prepararmos cada vez mais para lidar com todas as linguagens, verbais e não verbais, bem como com todas as mídias, novas e nem tão novas, como o cinema, a televisão, o rádio, a mídia impressa dos jornais e revistas, a Internet – e os livros!

Mídia significa *meio*: meio pelo qual uma linguagem chega até nós. É, portanto, o veículo, o meio de transmissão de uma mensagem de um emissor a um receptor, com suas características particulares. Por exemplo, a transmissão de uma informação por telégrafo utiliza um meio físico de transmissão (cabos telefônicos), um código próprio (código Morse) e um tempo de veiculação entre emissor e receptor totalmente diferentes daqueles utilizados para a transmissão da mesma informação via Internet, por e-mail.

A *linguagem*, por sua vez, é uma via sistemática de comunicação de ideias e sentimentos, que utiliza signos (verbais ou não) convencionados e conhecidos (portanto passíveis de decodificação) entre o emissor e o receptor de uma dada mensagem. Embora profundamente atreladas entre si, mídia e linguagem são diferentes em sua natureza e não podem ser confundidas.

Assim, é importante estarmos familiarizados com todas as linguagens e os suportes por meio dos quais podemos nos informar sobre o mundo à nossa volta: sobre o trânsito que teremos de enfrentar para ir ao trabalho, sobre a economia e a política na nossa cidade, estado e país; sobre alimentação; sobre a situação do sistema educacional; sobre as alterações no sistema de saúde; sobre o estado de preservação das espécies e sobre o "e-eu-com-isso".

Nesse sentido, as linguagens adotadas pelos meios de comunicação – televisão, jornais impressos e digitais, rádio, revistas, por exemplo – têm cada vez mais importância em nossas vidas. Seja para compreender as mensagens informativas que por meio deles nos chegam, seja para também diferenciá-las das mensagens publicitárias que nos são lançadas aos olhos e ouvidos a cada segundo e que, também, precisamos saber ler criticamente.

Ser capaz de ler todas essas linguagens e códigos em seus diferentes meios é uma verdadeira necessidade de sobrevivência, para escapar da robotização. Mas nós não queremos apenas sobreviver, não é mesmo? Nós também queremos viver. E viver bem. Como diz a canção dos Titãs: "A gente não quer só comida, A gente quer comida, diversão, balé!"

Ser capaz de ler criticamente e também de desfrutar todas as linguagens dos meios de comunicação e das artes é, portanto, uma necessidade de vida. É uma necessidade que temos de suprir para que possamos ter uma vida boa, de qualidade, bem desfrutada e bem vivida.

Assim, aqueles que se empenham na formação de leitores devem ter em mente a necessidade de constantemente trabalhar com variadas linguagens e meios – linguagens como a literária, a cinematográfica, a fotográfica; meios como a televisão, o cinema, o livro, a Internet, o rádio. Isso porque não só as linguagens informativas precisam ser compreendidas, mas também aquelas que podem nos proporcionar diversão, prazer, experiências sensoriais, experiências intelectuais.

Por isso, este *Manual de reflexões sobre boas práticas leitoras* sugere que o formador de leitores se preocupe em oferecer a seu público sempre uma boa variedade de textos, verbais e não verbais, e se preocupe constantemente em trabalhar não apenas diferentes linguagens, mas também diferentes mídias: a mídia impressa (como o livro, a revista, o jornal), as mídias digitais (como a Internet), as mídias eletrônicas (como o rádio e a televisão).

Variedade é importante. Ao se privilegiar apenas determinada mídia, em detrimento de outras, corre--se o risco de formar um leitor limitado. Se, por exemplo, esse leitor privilegiar o jornal em detrimento da televisão, do rádio, da Internet, embora familiarizado com a diversidade de textos encontrados nos jornais – reportagens, entrevistas, artigos opinativos ao lado de propagandas e anúncios –, suas possibilidades ficarão limitadas e ele se tornará um leitor pouco afeito ou pouco curioso em relação a outros suportes que também podem lhe oferecer um cardápio bastante amplo, tanto em termos de informações quanto de experiências estéticas.

Por exemplo: a escolha do jornal como objeto privilegiado em um projeto de incentivo à leitura tem vantagens e desvantagens.

Entre as vantagens está a diversidade de tipos de texto que o jornal comporta, a possibilidade de fazer uma leitura crítica do mundo, o aprimoramento do olhar "desconfiado" sobre a instituição de comunicação que imprime um determinado jornal e que permite colocar lado a lado textos informativos e textos publicitários, às vezes em nítida contradição de valores.

Entre as desvantagens, podemos apontar, por exemplo, a ausência quase certa, nesse veículo, de textos poéticos e literários. No jornal, dificilmente o leitor encontrará, salvo em cadernos especiais cada vez mais raros, o texto ficcional ou poético.

Formar leitores a partir de um único tipo de suporte – seja o jornal, o livro, a Internet ou qualquer outra mídia – é limitá-los às possibilidades específicas desse suporte.

Assim, ter uma visão ampla do que seja o processo de leitura – e sobre o que é passível de ser lido – é muito importante.

Tal como existe uma gramática da língua escrita e falada, não existiria uma *gramática da imagem*? Como a fotografia, o cinema não só tornou o mundo mais visível como nos forneceu um universo de imagens: hoje somos capazes de ler e interpretar essas várias linguagens porque, de certa forma, já fomos "alfabetizados" nelas.

Cada leitura pede seu ritual próprio. Ler um romance não é o mesmo que ler um poema ou uma notícia de jornal. Da mesma forma, assistir a um filme no cinema ou a uma novela na TV não é a mesma coisa.

Podem-se ler um poema, um romance, uma crônica tanto quanto se podem ler um filme, uma fotografia, um mapa, um anúncio em *outdoor,* o modo de sorrir de alguém, um gesto, uma expressão melancólica. Tudo pode ser lido, mas há diferenças entre as diversas linguagens e é importante que o sujeito-leitor esteja preparado para lidar com as especificidades – os limites e possibilidades – de cada linguagem e cada mídia.

A importância de saber ler textos verbais e não verbais

Desde o aparecimento do livro, a vinculação texto-imagem é frequente. Às vezes, a imagem duplica certas informações do texto, por um fenômeno de redundância; outras vezes, o texto acrescenta à imagem uma informação inédita.

Hoje, com a comunicação de massa e a cibercultura, parece-nos que a mensagem textual está presente em todas as imagens: como título, como matéria jornalística ao lado de uma fotografia, como legendas de filmes ou de fotografias, como diálogos nas histórias em quadrinhos. Mas, e se estivermos diante de um texto não verbal – uma pintura, uma fotografia –, que não esteja acompanhado por nenhuma explicação ou informação verbal: saberemos lê-lo?

Assim como existe uma gramática da língua escrita e falada, existe também uma *gramática das imagens*. O grande problema é que a poucos de nós foi ensinada essa gramática. Na escola somos preparados sobretudo para ler e nos expressar por meio da linguagem verbal – seja ela oral ou escrita. Mas a escola ainda não se preparou para ensinar a gramática dos textos não verbais: a "gramática" do cinema, da fotografia, da pintura.

Em uma sociedade cada vez mais visual, como se costuma dizer, é preciso que a escola, os professores, os educadores se voltem para essa questão. E eles mesmos devem se preparar para ler imagens.

Toda imagem é polissêmica, ou seja, apresenta muitos sentidos. Diante da imagem, o leitor pode criar alguns desses sentidos e ignorar outros. O texto escrito que acompanha uma imagem – uma fotografia de jornal, por exemplo – é uma das maneiras de conduzir, ou induzir, a uma interpretação. Ou seja, as palavras ao lado da imagem acabam por ajudar o leitor a fazer sua interpretação.

A leitura das imagens, assim como a dos textos, depende muito da bagagem cultural do leitor. Assim, diante de um quadro como *A última ceia,* de Leonardo da Vinci, por exemplo, o que vemos inicialmente são treze homens sentados à mesa. Como as imagens também são parte de uma cultura e, para sua interpretação, necessitam de que haja familiaridade com os códigos dessa cultura, um leitor ocidental católico, por exemplo, reconhecerá nessa imagem Jesus e seus apóstolos. Mas talvez um leitor nativo da Austrália não reconheça nesse quadro o tema cristão. Para ele, a cena provavelmente evocará somente a ideia de um alegre jantar.

Os textos não verbais provocam o espectador a investigar de maneira diferenciada o sentido do que está diante de si. Talvez habituados à pseudofacilidade de compreensão rápida do que vemos, não abstraímos informações que, às vezes, são até mesmo óbvias. Olhar, ouvir, tocar, enfim, usar os sentidos, assim como se interrogar e estabelecer conexões é um caminho de compreensão para a leitura de imagens. Mas não pensemos que ler imagens é algo apenas da ordem sensorial. Como afirmamos acima, as linguagens não verbais também possuem uma gramática, que foi sendo construída com o passar do tempo e com o uso dessa linguagem.

Conta-se que nas primeiras exibições de filmes para plateias que nunca haviam visto imagens em movimento, era comum algumas pessoas terem a reação de tentar fugir da frente do trem que parecia sair da tela, vindo em direção aos espectadores. Aos poucos, a leitura dessa imagem e das sensações que ela provocava foi sendo incorporada ao conhecimento dos espectadores. Hoje, ninguém mais sai correndo da frente de um trem quando o vê na tela do cinema ou da TV.

Nós também conseguimos perceber, por exemplo, que algum tempo se passou na história a que estamos assistindo em um filme ou em uma novela se, após uma série de ações das personagens, vemos a imagem de um sol se pondo na linha do horizonte. Logo pensamos: "Bem, as coisas se acalmaram, o tempo passou. Vamos ver o que vai acontecer agora!"

Por que a imagem de um pôr do sol, seja em um filme, seja na novela das oito, faz que pensemos que "o tempo passou", ou que agora "vamos pular para o dia seguinte" da história? Porque, de tanto assistirmos a filmes e novelas, começamos a aprender a sua gramática. Os seus códigos tácitos.

É essa gramática das linguagens não verbais que, cada vez mais, temos de conhecer. E também ensinar.

A última ceia, **Leonardo da Vinci (1492-1519).**
Afresco.

Crédito: Lebrecht Authors/ Lebrecht Music & Arts/ Other Images

A importância das narrativas

O homem sempre narrou histórias ao seu grupo, e as narra até hoje. Seja em volta da fogueira, nos primórdios do seu passado, seja em volta da mesa do bar ou em um círculo de amigos para os quais conta fatos que viveu ou desejaria viver.

Além do encantamento que provocam, além de serem a expressão de nossos desejos, as narrativas nos permitem também estabelecer uma conexão com nossa "vida verdadeira", dando-nos a possibilidade de refletir sobre ela.

Em nossa vida, por vezes nos sentimos enredados em histórias que mais parecem contos de fadas, em que somos prisioneiros de gigantes ou conhecemos príncipes que terminam virando sapos e lagartões. Narrar essas histórias e situações para pessoas em quem confiamos e que nos amam pode nos ajudar a decifrar enigmas, a entender melhor certos acontecimentos, encontrar saídas. As narrativas, como as brincadeiras, são ensaios de vida.

Assim, além de nos ajudar a elaborar nossos desejos e lidar com nossos problemas cotidianos, as narrativas podem ajudar na formação do leitor: um leitor entusiasmado, que faz a leitura do texto em parceria com a leitura da vida.

Quando as crianças vão para a escola, costuma-se pensar que ali será o lugar onde elas irão adquirir todos os conhecimentos para sua formação. E muitas vezes nós, adultos, esquecemos que, quando ali chegam, as crianças já trazem consigo um acervo de narrativas, histórias e saberes que ouviram e aprenderam de seus familiares e pessoas com quem conviveram até então. Desprezar ou não reconhecer a importância dessas histórias e conhecimentos é um erro muito comum, que não deveria ser repetido.

Religar saberes por meio das narrativas é um bom recurso a ser utilizado no processo de ensino. Valorizar as narrativas das crianças e das comunidades em que vivem é uma boa metodologia, que deve ser adotada para que se possa estabelecer a relação entre as histórias vivenciadas em família e em comunidade e os conteúdos escolares. Com isso, possibilitamos o diálogo entre o conhecimento sistematizado – ou os saberes formais – e os saberes cotidianos que as narrativas contêm. Se assim procedermos, o aprendizado se tornará muito mais fácil. E o processo de aprender muito mais vivo e estimulante.

O ato de contar histórias, todos sabemos, é muito antigo. Por meio dele a literatura oral sobrevive e, com ela, conhecimento e experiências são transmitidos de geração em geração.

Contar e ouvir histórias ajuda na formação do leitor e na construção de identidades. No momento da contação, se estabelece uma relação de troca entre contador e ouvintes. O exercício de contar histórias possibilita debater importantes aspectos do dia a dia, ensinar temas éticos e discutir valores. Por isso, além de uma forma prazerosa de vivenciar as narrativas e entrar em contato com mundos imaginários, os leitores também podem construir o seu. A contação de histórias tem um papel fundamental no resgate das narrativas que fazem parte da memória cultural e afetiva, bem como no desenvolvimento da cidadania, do compromisso público com a qualidade do convívio humano que todos desejam. Ouvir histórias conecta o mundo dos afetos com o mundo dos feitos.

Interpretação e percepção

A tradição interpretativa, predominante no Ocidente, por vezes nos impede de perceber que é possível nos relacionarmos com a literatura e as artes em geral não apenas por meio da razão, mas também por meio de nossos sentidos.

Se prestarmos atenção, notaremos que alguns textos, mais do que outros, convidam o leitor a entregar-se a experiências sensoriais. Vejamos, por exemplo, as primeiras duas estrofes do poema *Antífona*, do poeta simbolista Cruz e Souza:

> Antífona
>
> Ó Formas alvas, brancas, Formas claras
> De luares, de neves, de neblinas!
> Ó Formas vagas, fluidas, cristalinas...
> Incensos dos turíbulos das aras
>
> Formas do Amor, constelarmente puras,
> De Virgens e de Santas vaporosas...
> Brilhos errantes, mádidas frescuras
> E dolências de lírios e de rosas...
>
> [...]

Talvez, mais do que um convite à interpretação, o poema *Antífona* seja um convite para que o leitor se abra às sensações provocadas pelos efeitos sonoros, táteis e visuais sugeridos em seus versos.

Se essa suposição estiver correta, mais do que encontrar uma interpretação para seu específico arranjo de palavras, talvez o poema de Cruz e Souza seja um convite para que o leitor se entregue a uma experiência sensorial, dependente não de um exercício interpretativo, mas da ativação, pela via da memória, dos nossos cinco sentidos: olfato, visão, audição, tato, paladar.

Em geral, seguindo a tradição predominante no Ocidente, quando diante de um poema ou de um texto literário qualquer, nós buscamos os seus significados. Perguntamos: "O que significa esse poema?"

Mas e se, diante de um poema como *Antífona*, e de tantos outros que poderiam servir de exemplo, em vez de buscar desesperadamente o seu significado, decidirmos voltar nossa atenção para o ritmo provocado por suas rimas? Ou para as sonoridades provocadas pelas suas aliterações e assonâncias? Para a sensação táctil provocada pela referência à suave textura das pétalas de lírios e de rosas? Para a estranha sensação provocada pela neblina em sua existência quase imaterial? E se, em vez de buscar o significado desses versos, nos entregarmos à visualização provocada pela presença, no poema, de muitas palavras que nos remetem à cor branca e à transparência? Luar, neve, neblina. Incenso e cristal. E se nos entregarmos à sensação de recordar o perfume do incenso, o perfume das rosas e dos lírios? Ou de recordar o toque frio do cristal?

Proporcionar a leitores um encontro com a literatura desvinculado da busca obrigatória por significados, ou seja, pela interpretação, é um presente inestimável que um professor pode dar a seus alunos. É ensinar que a literatura – assim como todas as artes – não propõe apenas que busquemos seus significados, mas também que estejamos disponíveis para as sensações provocadas pelos sons, imagens, cheiros, gostos e texturas aos quais as palavras podem nos remeter.

Por fim, vale lembrar que, se interpretar não exclui o exercício sensorial, tampouco o exercício sensorial exclui a interpretação. Interpretar e experimentar são diferentes modos de nos aproximarmos de textos literários.

Modos que podem caminhar juntos: o extensivo e o intensivo, a ampliação do acervo pessoal ou o aprofundamento em uma obra ou em um autor.

A teoria como ferramenta para enriquecer a leitura de textos literários

Uma das questões mais importantes para o desenvolvimento de um bom trabalho de formação de leitores, sobretudo quando se trata da formação de jovens leitores em um ambiente escolar, é que o professor tenha um instrumental teórico adequado a despertar seus alunos para diferentes possibilidades de interpretações de textos.

Durante a graduação em Letras e Literaturas, o aluno – futuro professor, por vezes já professor de literatura – cursa a disciplina Teoria da Literatura. No entanto, muitas vezes esse aluno se gradua sem saber ao certo para que servem as inúmeras teorias estudadas por essa disciplina.

A *Teoria da Literatura* pode servir para muitas coisas. Não haveria aqui espaço para discutir todos os seus usos interessantes, tanto no ensino quanto na pesquisa, mas um deles sem dúvida deve ser mencionado neste *Manual de reflexões sobre boas práticas leitoras*: a formação de leitores de textos literários.

Pensando nesse uso, as teorias da literaturas podem ser uma ferramenta extremamente úteis ao professor, sobretudo se ele deseja ajudar seus alunos a se tornarem sujeitos pensantes, críticos e criativos.

O verbete *Avaliação e variação interpretativa* nos mostra que o professor de literatura cada vez mais precisa saber lidar com as diferentes interpretações que podem surgir por parte dos alunos em uma sala de aula.

Pois imaginemos agora a situação contrária: imaginemos o professor diante de uma turma com muitos alunos que – por imaturidade, vergonha, desinteresse, desânimo, falta de hábito ou de informações – não conseguem elaborar interpretações. Esse cenário não é tão raro. E imaginemos que esse professor só conte com sua própria experiência de vida para estimular os alunos nessa empreitada.

Bem, certamente o professor será capaz de fazer inúmeras interpretações apenas com sua bagagem cultural e seus conhecimentos sobre literatura e história da literatura. Mas, se detiver também conhecimento de um bom punhado de teorias literárias, ele certamente terá muito mais recursos para dar início à tarefa de atrair a atenção de seus alunos sobre um conto ou um poema, por exemplo. Tarefa, sabemos, nem sempre fácil.

O professor de literatura que possui conhecimento de teorias da literatura terá recursos suficientes para estabelecer alguns pontos de partida interessantes para seus alunos. Tomemos como exemplo o poema *Ritmo,* de Mário Quintana:

Ritmo

Na porta
a varredeira varre o cisco
varre o cisco
varre o cisco

Na pia
a menininha escova os dentes
escova os dentes
escova os dentes

No arroio
a lavadeira bate roupa
bate roupa
bate roupa

até que enfim
se desenrola
a corda toda
e o mundo gira imóvel como um pião!

O que fazer com esse poema? Bem, o professor que tiver um pouco de teoria escondida na manga pode fazer muitas coisas.

Por exemplo, uma vez que o professor saiba que uma das maneiras de definir a poesia é pelo uso ou arranjo especial da linguagem, ele poderá chamar a atenção de seus alunos para os ritmos e as sonoridades do poema de Mário Quintana. Se o professor ler o poema em voz alta, ou se pedir a seus alunos que o leiam em voz alta, rapidamente poderá chamar a atenção deles – e não só por causa do título do poema – para o ritmo e os efeitos sonoros provocados por esse específico arranjo de palavras. Comecemos pelos versos varre o cisco/varre o cisco

É fácil perceber como os sons das letras *r* e *s*, ao se repetirem, parecem reproduzir o som de uma vassoura que se arrasta no chão. O mesmo ocorre com os versos escova os dentes/escova os dentes

Não é preciso muito esforço para conseguir associar os sons das sílabas es, co, va, os, den, tes, es, co, va, os, den, tes com o barulho típico da escova de dentes indo de lá para cá e de cá para lá dentro da boca. E os versos

Bate roupa/bate roupa?

Parece que dá para a gente ver a lavadeira erguendo a peça de roupa encharcada, deixando-a depois cair com força contra a pedra que ladeia o riacho: ba, te, rou, pa, ba, te, rou, pa...

Além da percepção das sonoridades do poema, o professor também pode se dedicar a estimular em seus alunos a interpretação. Se ele souber um pouco de teoria literária, terá os recursos necessários para convidar seus alunos a pensar com a ajuda de várias e diferentes teorias.

Por exemplo, se colocarmos os óculos da teoria que ficou conhecida por "sociologia da literatura", podemos reler o poema – agora com preocupações sociais. Então o professor poderá perguntar aos seus alunos:

– Quem são as personagens do poema?

– Todas as personagens são adultas?

– Que tipo de trabalho essas personagens desempenham?

– Vocês acham que varrer e lavar roupa são trabalhos desempenhados por que pessoas em nossa sociedade?

– O que faz a criança nesse poema? Que tipo de ação ela está desempenhando?

– Sabemos que aprender a cuidar de si, escovando os dentes, é importante para a saúde de todas as crianças. Todas as que vocês conhecem têm a mesma sorte que a personagem do poema?

As perguntas podem soar tolas, mas servem ao início de uma discussão interessante sobre as relações de trabalho, o trabalho infantil, o trabalho feito pelas mulheres dentro de casa e que não é remunerado. Se o professor conhecer um pouco da teoria feminista, pensará também em ajudar seus alunos a discutir as relações de poder e a divisão social do trabalho entre homens e mulheres. E poderá começar um debate a partir de perguntas como:

– As personagens do poema de Mário Quintana são homens ou mulheres?

– Por que será que não há nenhuma personagem masculina no poema?

– Que tipo de atividade essas mulheres desempenham?

– Onde estão os homens enquanto as mulheres varrem e lavam roupa?

"Bem", alguém há de pensar, "essas perguntas também poderiam ser feitas sem o auxílio das teorias de literatura". Porém afirmamos que com o auxílio delas certamente o professor terá condições muito melhores de exercer seu papel de mediador e facilitador do contato de seus alunos com textos literários, estimulando sua turma – sobretudo se for uma turma com pouco contato com textos literários e com pouca experiência sobre as possibilidades que a literatura nos proporciona de pensar sobre o mundo. Como explica educadora Cyana Leahy-Diós:

> Relatos de práticas satisfatórias utilizando literatura nas escolas frequentemente descrevem o encontro de professores com teorias críticas como uma linha divisória entre práticas insatisfatórias e experimentação entusiasmada, apoiada em abordagens críticas múltiplas, levando a achados positivos com os alunos. Há relatos de professores cuja utilização de pressupostos teóricos na prática de educação literária em diferentes níveis de escolaridade contou com o entusiasmo da descoberta de instrumentos

possíveis para a conscientização e otimização da disciplina. (Leahy-Diós, 2000, p.268-9)

Poderíamos – quem sabe? – tomar outra teoria além da estilística e da sociológica. Lendo ainda o poema de Mário Quintana, algum leitor familiarizado com a noção de estrutura veria que últimos versos das três primeiras estrofes estão compostos por versos de movimento – vai e vem – e que na porta, na pia, no arroio, há um "amanhecer", um começar do dia; e a última estrofe confirma esse imaginário: um pião que é posto a girar, sem sair do lugar: não é assim com o mundo? Não é assim com a maioria das gentes? O movimento que se repete não tira as coisas do seu lugar – o ritmo, o compasso, o girar, todo dia e recomeçar.

Assim, poderíamos percorrer as teorias, os enfoques, as abordagens e ir descobrindo olhares novos, capazes de reler os versos do poema e criar outros sentidos.

Veja também:
• Avaliação e variação interpretativa

Formar multiplicadores

Formar multiplicadores é essencial para transformar uma sociedade. Em relação às práticas leitoras e aos diferentes papéis que nelas se apresentam, o que constitui a função (por assim dizer) do multiplicador diverge sensivelmente da de outros atores – como a do agente de leitura ou a do mediador de leitura. Multiplicador é aquele que multiplica uma ideia, que a leva adiante, que a assume como sua e que constrói suas próprias redes para difundi-la. São pessoas comprometidas com o processo de promoção da leitura como um todo, capazes de atuar tanto na base (diretamente na formação de leitores) quanto na proposição ou implementação de políticas e ações de leitura.

Formar multiplicadores de leitura é um processo longo e exigente. Inclui de posturas pessoais que denotem o comprometimento individual com a causa às habilidades requeridas para um formador de leitores. É preciso, contudo, que seja estimulada a sua autonomia, para que eles descubram sua essência pessoal e criem seus próprios caminhos.

Multiplicadores disseminam o que aprenderam sem, contudo, ser meros repetidores, pois estão sempre incluindo novos conhecimentos, transformando práticas, estimulando a ação. Conseguem fazer uma avaliação crítica do trabalho empreendido e modificá-lo em direção à maior eficiência.

São eles, portanto, os braços que se estendem para a construção da imensa rede de trabalho em prol da leitura, criando e reproduzindo experiências frutuosas de promoção de leitura pelo país.

Com raras exceções, dificilmente um professor apaixonado pela literatura, que esteja construindo caminhos para formar novos leitores, deixará de mobilizar a escola, de contagiar seus pares com os desdobramentos de sua ação, pois esse mediador de leitura se tornará pouco a pouco um promotor de atividades, ações, projetos, planos de incentivo a outros para realizarem com ele a experiência de envolverem-se e envolver seus alunos com a festa da leitura.

Leitura e artes plásticas

Lemos um livro, mas como é estar no museu, em uma exposição ou galeria e "ler" um desenho, um quadro, uma fotografia? O termo *leitura* também é adequado às imagens? E como ler imagens? Seria a imagem um enunciado "pictórico", algo como uma frase, com sujeito, verbo e predicado?

A literatura sempre manteve diálogo com as artes plásticas, mas a evolução tecnológica dos meios de comunicação visual e reprodução de obras de arte redefiniram tanto o papel do livro quanto o da leitura de imagens. Hoje temos à nossa disposição livros de arte com muitas reproduções.

O quadro é uma forma de escrita, ou, ao menos, de inscrição, que possui características e propriedades específicas, e elas podem ser "decodificadas". O texto escrito tem uma presença visual, assim como a imagem: a página impressa é visualizada como quadro tanto quanto a pintura.

Poderíamos dizer que a imagem é um quadro *gravado*, enquanto o texto escrito é um quadro *falante*. Ele é lido, sem dúvida, mas a especificidade dessa leitura – ainda que não nos esqueçamos do aspecto visual da página impressa – é mais uma operação da fala e da escuta do que uma operação da visão, a menos que a diagramação interfira na recepção do texto.

Se a pintura não dispõe de uma língua (no sentido saussuriano do termo), dispõe, no entanto, de meios que lhe são específicos para mostrar, para fazer ver o que ela apresenta. E esses meios não são de ordem discursiva. A existência ou não da moldura é um deles.

Desde que o olho do pintor é substituído pelo olhar do espectador, uma moldura é necessária. É através da moldura que se completa o quadro em sua finalidade de ser visto, de ser mostrado ou publicado.

A leitura de um quadro – esteja ele pendurado na parede de um museu ou reproduzido por uma fotografia impressa em um livro – é, de início, a leitura de um nome e de um título; quer dizer, de um autor e de um tema.

Olhar um quadro não é apenas perceber um objeto. Não é simplesmente ver. É enxergar. É reconhecer no quadro sua composição, as figuras que o compõem, o movimento, as formas, a luz.

Hoje, as obras de arte são reprodutíveis e podem teoricamente ser usadas e vistas por qualquer pessoa. Os processos de reprodução de obras de arte – reproduções fotográficas, por exemplo – possibilitaram que obras únicas fossem divulgadas a todos os lugares do planeta.

Alguns dizem que isso tirou da arte a sua aura de algo muito especial porque *único*. É certo. Ver uma fotografia que reproduz um quadro de Picasso, de fato, não é o mesmo que ver diretamente um dos quadros do pintor.

No entanto, ao ter diante de si um livro com muitas fotografias de obras de arte – quadros de Picasso, por exemplo –, é importante que o leitor-espectador esteja consciente de não estar vendo *um quadro de Picasso*, mas sim *um livro com reproduções de quadros de Picasso*. Afinal, são duas mídias e duas linguagens totalmente diferentes.

Inúmeros aspectos e características se perdem nas reproduções de quadros. As tonalidades das cores, o tamanho da tela. A famosíssima *Monalisa*, de

Leonardo da Vinci, por exemplo, é um quadro de pequenas dimensões, o que decepciona muitos que o veem pela primeira vez quando visitam o museu do Louvre, em Paris.

Outro aspecto bastante alterado pelas reproduções é a chamada *textura*. A textura das pinceladas de um pintor como Van Gogh, por exemplo, não podem ser reproduzidas em uma fotografia. Ele gostava de usar a tinta com muita generosidade, de modo que, em alguns de seus quadros, há de fato uma textura extremamente rugosa e grossa na superfície da tela, resultado dessas pinceladas carregadas de tinta a óleo.

Uma pintora como Tarsila do Amaral, ao contrário, costumava cobrir suas telas com pinceladas suaves, utilizando pouquíssima tinta e fazendo que a superfície de seus quadros ficasse muito lisa, sem marcas de pincel.

Abaporu, **Tarsila do Amaral, 1928.**
Óleo sobre tela,
85 x 73 cm.

Crédito: Coleccíon Contantín. MALBA Museo de Arte Latinoamericano de Buenos Aires, Argentina/ Tarsila do Amaral Empreendimentos

Assim, ao trabalhar com reproduções de obras de arte é importante que o professor ajude seus alunos a entender os processos de reprodução. E, sempre que possível, deve oferecer-lhes a possibilidade de ir a um museu ou exposição, de modo que os alunos possam vivenciar a experiência de estar diante de obras de arte, de vê-las, senti-las, observá-las diretamente.

Para que não imaginemos apenas os museus a distância, verifiquemos que muitos acervos de outros tempos e lugares também estão disponíveis na rede eletrônica (*Web*). Você pode visitar museus e bibliotecas do mundo todo, percorrendo o acervo e a arquitetura que o abriga.

Mas, aí do seu lado, não haverá um museu regional, de cultura popular, da colonização, do trabalho no campo, de manifestações memoráveis desse contexto? Quem não vê o que está próximo, pode ler/ver bem o que está a distância?

Ler imagens

O que é texto escrito e o que é texto em imagem? Onde as duas linguagens se encontram e onde se bifurcam? Como lemos imagens?

Estas são perguntas frequentes feitas tanto por um simples leitor-espectador quanto por estudiosos da literatura, da comunicação, da história da arte e áreas afins. As imagens, hoje, tais como aquelas veiculadas na mídia impressa, na TV, no cinema, utilizadas com os mais variados fins – como vender, informar, encantar –, passaram a fazer parte definitivamente do cenário contemporâneo, suscitando deslumbramento e preocupação. Por isso, as imagens são motivo de estudo.

Tanto o texto quanto a imagem, ou seja, tanto a representação discursiva (ou verbal) quanto a representação visual (não verbal) estão igualmente presentes hoje na maioria das sociedades, das cidades, das metrópoles. Ambas recebem atenção de estudiosos: teóricos da literatura, da comunicação, da imagem.

Um campo interdisciplinar de estudos que ganhou o nome de *Cultura visual* – cujo interesse recai nas dinâmicas da cultura da imagem – permite enfocar de modo mais apropriado a relação entre discurso e visibilidade, além de buscar um melhor entendimento acerca do funcionamento dos processos comunicativos que se dão por meio das imagens.

Estudiosos dessa linha de pensamento sugerem, no entanto, que todos os meios de comunicação são mistos, que todas as representações são heterogêneas, que não existe arte puramente visual nem puramente verbal. Para esses estudiosos, nenhum signo artístico se apresenta como puramente verbal nem tampouco como puramente visual.

O texto, hoje, para ser apreciado, e para comunicar bem, depende mais do que nunca da sua qualidade visual, da materialidade da sua escrita, de aspectos ligados à sua qualidade gráfica, à qualidade da edição ou, no caso de filmes, da projeção. Da mesma forma, hoje nenhuma imagem representa um sentido em função de sua pura visibilidade, desarticulada de seus contextos culturais e sociais. Nesse sentido, hoje se compreende que, como textos verbais, as imagens – textos não verbais – inscrevem-se em um contexto cultural maior.

Essas percepções sobre textos verbais e textos não verbais fazem que seja cada vez mais necessário nos abrirmos para um conceito amplo de leitura. Tudo pode ser lido. Lemos tudo: textos escritos; textos lidos; falados; imagens estáticas, como as fotografias; imagens em movimento, como o cinema; imagens associadas a palavras e vice-versa. Textos verbais e não verbais estão em todas as mídias: do cinema à Internet, do livro à televisão.

Além disso, já não podemos mais tratar a imagem como ilustração da palavra nem o texto como explicação da imagem. Muitas vezes é o conjunto texto-imagem que, ao formar um complexo heterogêneo, se torna um objeto único que precisa ser compreendido em sua singularidade. Então "ler uma imagem", hoje, supõe a existência de um olhar capaz de percorrer todas essas linguagens.

As imagens, assim como as histórias, nos informam. As imagens que formam nosso mundo são símbolos, sinais, mensagens e alegorias.

Quando dizemos "imagem" muitos possíveis significados nos vêm à cabeça. A palavra "imagem" pode nos remeter ao que passa na televisão, no cinema, à fotografia analógica ou digital, ao flagrante registrado pelo fotojornalismo, aos documentários e vídeos. Ela pode nos remeter também às cenas do cotidiano, enquanto atuamos no filme de nossas próprias vidas, à nossa memória, às histórias que lemos ou aos nossos sonhos. A lista de significados para a palavra é imensa. Também se pode falar em imagens referindo-se à representação de santos, seja em escultura, seja em vitrais, seja em quadros e afrescos. Quem não conhece alguém que carrega na carteira a imagem de um santinho para lhe trazer sorte e proteção?

Um aspecto, contudo, é comum a todos os sentidos que damos à palavra imagem: o fato de ela representar algo que está ausente. Ao olharmos a fotografia de um parente nosso que já se foi, a imagem dele no retrato nos traz à mente recordações de como essa pessoa era. Ao olharmos para a escultura em mármore ou bronze de uma bela mulher, imaginamos (outro sentido da palavra imagem!) como ela seria se fosse feita de carne e osso.

À primeira vista, uma imagem é composta de formas, texturas e cores. Mas a imagem passa a existir somente no momento em que já não vemos – ou nos esquecemos de ver – aquilo de que de fato é formada: essas formas, texturas e cores. Ou seja, a imagem só comunica algo além do material de que é feita quando nos esquecemos de ver esse suporte material e passamos a ver ali outra coisa.

Outro exemplo de quando já não vemos – ou nos esquecemos de perceber – é a pedra de mármore que, esculpida, toma a forma dos corpos de um casal abraçado, como ocorre na escultura *O beijo*, de Auguste Rodin.

O beijo, **Auguste Rodin, 1888-98.**
Escultura em mármore.

Crédito: Museum Rodin, Paris, France/ Alinari/ Other Images

Ou quando já não vemos – ou nos esquecemos de perceber – as tintas a óleo sobrepostas à tela feita de tecido rústico que constituem materialmente o quadro *Os retirantes,* de Candido Portinari.

Retirantes, **Candido Portinari, 1944**.
Painel a óleo/tela, 190 x 180cm.

Crédito: MASP/ Reprodução autorizada por João Candido Portinari /
Projeto Portinari

A imagem é a representação de algo que, de fato, está ausente, ou melhor, que só está na nossa memória ou em nossa imaginação. Por isso dizemos que a imagem começa quando paramos de ver o que nos é dado materialmente e passamos a ver outra coisa: quando passamos a *re*-conhecer, ou *re*-encontrar algo ausente ou algo que um dia conhecemos. A imagem nos (re) apresenta ao que *não está* de fato diante dos olhos.

E mesmo diante dessas obras, olhando-as ainda, o que lemos não está nas imagens em si, apenas, mas em outras que com estas se conjugam e produzem todo o sentido que lhes atribuímos.

O processo que se dá pelas imagens é, de certa forma, igual àquele que ocorre com as palavras. Façamos uma experiência. Leia a frase seguinte:

> Um buquê de rosas vermelhas está dentro do pequeno vaso sobre a mesa. Pela janela, um raio de luz as ilumina.

Ao lê-la, em sua mente se formará, imediatamente, a imagem de rosas dentro de um vaso sobre uma mesa, iluminadas por um raio de luz que ali incide através da janela. Ao ler a frase, você imediatamente constrói em sua mente a imagem desse pequeno quadro descrito em palavras. E, no entanto, nenhum desses elementos está de fato diante de você. Ou seja, a frase, feita de palavras, trouxe à sua presença algo que está de fato ausente.

O mesmo ocorre se você está diante de um quadro em que – por meio de tinta lançada sobre uma tela – esteja pintado um buquê de rosas vermelhas dentro de um pequeno vaso sobre a mesa e uma janela, por onde entra um raio de luz que ilumina a cena.

Um famoso artista belga, chamado René Magritte, brincou com esse paradoxo ao desenhar um quadro em que estava representado um cachimbo. Sob a imagem do cachimbo, escreveu *Ceci n'est pas une pipe,* que, em francês, significa: isto não é um cachimbo.

A traição das imagens (Isto não é um cachimbo), **Rene Magritte, 1929.** Óleo sobre tela.

Crédito: Los Angeles County Museum of Arte, Califórnia, USA / Granger/ Other Images

Da mesma forma, diante de uma imagem (uma fotografia, por exemplo, ou uma estátua) de Chaplin ou de Pelé, não digo: "Que belas cores e formas."

O que digo é: "Olhe, é Chaplin!"
Ou "Olhe, é o Pelé!"

É claro que sabemos que essas imagens – uma fotografia, uma estátua – não são Chaplin nem Pelé. Chaplin morreu, Pelé está longe. Mas estamos tão acostumados ao processo de decodificação das imagens que já não nos damos conta dele. É como se pulássemos uma etapa. Em vez de dizer: "Isto é uma foto que representa Pelé", dizemos simplesmente: "É o Pelé".

A imagem, portanto, é o substituto de qualquer coisa que ela não é, ou de algo que não está presente. A imagem é uma representação, no sentido de (re) apresentar o que está ausente.

As imagens têm o poder de dar um testemunho sobre o mundo de maneira tão direta que por vezes as tomamos pela própria realidade. Mas não podemos ser ingênuos: a imagem também pode ser enganosa. Por exemplo, todas as imagens corporizam um modo de ver. O modo de ver do fotógrafo reflete-se na sua escolha do tema, no ângulo sob o qual o aborda, como o lê. O modo de ver do pintor reconstitui-se pelas marcas que deixa na tela ou no papel sobre os elementos que elegeu em sua leitura de mundo. Por isso é muito salutar ter em mente que a nossa apreciação da imagem depende também do nosso modo de ver, e, tal como todas as outras leituras, a leitura de imagens também precisa de uma dose de desconfiança.

Ler, interpretar uma imagem, analisá-la não consiste certamente em tentar encontrar ao máximo uma mensagem preexistente, mas em compreender o que essa mensagem, nessas circunstâncias, provoca em termos de significações aqui e agora. Uma imagem não é verdadeira nem mentirosa. São as expectativas do espectador que conferem à obra um caráter de verdade ou mentira.

Ler documentos

Leitura é sempre leitura de mundo, já nos ensinou Paulo Freire. Portanto, no processo de formação de leitores, não podemos nos esquecer de que – além dos textos literários, além de imagens, filmes, artes visuais – é preciso saber ler os textos informativos e do dia a dia, tais como passagens de ônibus, ingressos de cinema, instruções de jogos.

É importante trabalhar com os alunos esse tipo de leitura, chamando-lhes a atenção para o que se deve procurar em cada um:

- na passagem de ônibus: destino, horário e local de onde sairá o veículo;

- no ingresso de cinema: horário, nome do filme, sala em que será exibido;

- nas regras do jogo: relação das peças, número de jogadores, objetivo, como fazer as jogadas, pontuação, como se vence o jogo;

- no documento de identidade: nome, número, data de emissão, órgão emissor;

- nos mapas: onde você está, direções, ruas e estradas.

A leitura, gerando conhecimento e apropriação de saberes, é um instrumento poderoso na formação do cidadão, portanto é necessário que, no processo de seu desenvolvimento, sejam incluídos os textos que são instrumentos para a realização das atividades da vida cotidiana.

O que faz um astrônomo com seu telescópio, desde Galileu? Um mapeamento dos céus, dos astros, seus movimentos, suas conjunções que nos permitem "prever" (não astrologicamente o destino, mas) as aproximações ou rotas de colisão dos corpos celestes.

Os poetas leram nas estrelas, sem mapas, seus desejos mais íntimos. Como nestes versos de Olavo Bilac:

Via Láctea

Talvez sonhasse, quando a vi. Mas via
Que aos raios do luar iluminada,
Entre as estrelas trêmulas subia
Uma infinita e cintilante escada.

[...]

Ora [direis] ouvir estrelas! Certo
Perdeste o senso! E eu vos direi, no entanto,
Que, para ouvi-las, muita vez desperto
E abro as janelas, pálido de espanto...

[...]

A música como texto de leitura

Dentro da noção ampla de texto e leitura, música também se lê e se relaciona com outras linguagens de maneira muito especial e sensível. A música pertence a um universo mais cotidiano, ao qual se tem um acesso mais direto. Literatura e música se concebem como complementares ou cindidas de uma linguagem una, porque ambas são evocadas pela poesia, pela prosa poética, pela ópera ou pela canção. Dessa forma, uma poesia ou um texto poético pode ser fonte de inspiração para a criação de uma música, bem como os músicos e compositores são muitas vezes convidados a criar trilhas sonoras para textos literários e de dramaturgia.

Normalmente, o acesso à poesia é um tanto restrito à vida escolar. Assim, quando se consegue trazer o universo da música para a poesia, acaba-se por ligar a vida cotidiana do aluno ao texto poético, seja ele erudito ou popular. A música passa a ser, então, uma ponte entre a literatura e o cotidiano. Como exemplo disso, podemos citar a comparação entre o texto de uma poesia e o de uma música, que tematicamente podem se aproximar, mas cujos significados são bastante diferenciados. Vejamos os trechos da poesia "Dois e dois são quatro", de Ferreira Gullar, e da música "Como dois e dois", de Caetano Veloso:

> Dois e dois são quatro
> (Ferreira Gullar)
>
> Como dois e dois são quatro
> Sei que a vida vale a pena

Embora o pão seja caro
E a liberdade pequena

Como teus olhos são claros
E a tua pele, morena
como é azul o oceano
E a lagoa, serena.
[...]

Como dois e dois
(Caetano Veloso)

Quando você me ouvir cantar
Venha não creia eu não corro perigo
Digo não digo não ligo, deixo no ar
Eu sigo apenas porque eu gosto de cantar
Tudo vai mal, tudo
Tudo é igual quando eu canto e sou mudo
Mas eu não minto não minto
Estou longe e perto
Sinto alegrias tristezas e brinco
Meu amor
Tudo em volta está deserto tudo certo
Tudo certo como dois e dois são cinco

Viram? Este é apenas um dos exemplos de que a música brasileira é pródiga em oferecer material aos formadores de leitores. Outros tantos exemplos devem existir já nos acervos de professores por todo o nosso país...

Roland Barthes nos diz: "Ouvir é um fenômeno fisiológico; escutar é um ato psicológico" (Barthes, 1990, p.217). O que captamos pelos ouvidos são signos, pois que escutamos da mesma maneira que lemos, isto é, mediante certos códigos. Na música há dissonâncias; pausas; assonâncias; intervalos; dominantes; repousos; marchas; forças; tons; modos; clímax; inquietações; paz; conflitos; soluções. Esse é o código próprio de sua linguagem. E é no arranjo desse código que se dá a composição musical que, por sua vez, instiga sensações, criação de imagens mentais e narrativas. A linguagem escrita ou narrada do texto poético também possui o seu código próprio, que também evoca naquele que lê suas próprias sensações. Assim, quando música e texto (letras) formam uma canção, essa canção pode sugerir a prática de interpretação do seu texto, assim como a compreensão do contexto de composição.

E mais: além da enorme gama de estilos musicais disponíveis à apreciação, da música clássica e erudita, passando pelo jazz, pelo pop e pela música contemporânea, a música popular brasileira em si não só é fértil como exercício de leitura como é profícua para a formação sociocultural dos alunos.

A contação de histórias

Não é possível afirmar quando o ato de contar histórias se instituiu como prática social, mas com certeza essa é uma das mais antigas e universais formas de expressão. Encontramos registros de contação de histórias – e da atuação do contador de histórias – em sociedades de épocas anteriores ao calendário cristão. O apogeu da atividade foi atingido entre os séculos XII e XIV, mas o advento da Idade Moderna e o desenvolvimento dos meios de comunicação fizeram que ela quase desaparecesse. Nos últimos anos, vimos acontecer o reaparecimento do ato de contar, como opção de entretenimento, ou, sobretudo, como prática leitora.

Podemos dizer que o ressurgimento do contador e da arte de contar foi também decorrente dos programas de leitura instituídos nos países da Europa, América do Sul e América Latina que consideravam em suas formulações a importância do ato de contar histórias e dos personagens como um caminho de interlocução entre o possível leitor-ouvinte e o contador. Assim, essa prática passou a integrar também as ações de formação de leitores.

Maria Clara Cavalcanti Albuquerque aponta uma característica primeira na contação de histórias: "[...] a troca, a necessidade de contato, a comunicação com quem escuta, que dá vida ao que se conta. O ato de contar histórias é um ato de troca" (Albuquerque, 1998, p.14).

A história contada introduz o ouvinte no universo das narrativas – fantásticas ou não – e o "leva a um nível de prontidão que facilita a absorção do que é dito" (ibidem, p.20). Encantado, o ouvinte deseja rever e reter a história ouvida. Aproxima-se, pois, do texto (escrito ou não); e, possuindo-o, dele se apropria, tornando-se leitor. Por isso, contar histórias e formar leitores são práticas tão íntimas e a grande maioria dos projetos de formação de leitores – sobretudo aqueles voltados para as crianças, que, com mais facilidade, entram no universo apresentado pelo contador – inclui a contação em suas atividades.

Hoje, a contação de histórias está presente em muitos e diferentes espaços: escolas, bibliotecas, praças, hospitais e presídios, entre outros. A tarefa exige do contador um preparo de repertório que envolve escolhas e, consequentemente, conhecimento literário e da cultura oral. Porém, a prática milenar ainda pode ser encontrada nas famílias, nas pequenas comunidades, nos contadores de causos, de piadas. A contação de histórias, enfim, é praticada por todos aqueles que conseguem atrair e reter a atenção dos ouvintes, contando situações cotidianas e do contexto social em que se inserem.

Como boa prática de incentivo à leitura, a contação de histórias aproxima pessoas e proporciona o estabelecimento de vínculos, sobretudo se acontecer de forma continuada, em um ritmo que permita a manutenção do estado de encantamento dos ouvintes e a transmissão de valores universais.

Há pessoas que acreditam que só *o livro na mão* e a leitura da palavra escrita podem defender a existência do livro e valorizar a alfabetização. Elas rejeitam o ato de contar histórias porque supõem que este contribua para manter os ouvintes no analfabetismo.

No século XXI, a audição tem outros parâmetros. No mundo letrado, escutar histórias deixou de ser apenas uma condição para familiarizar-se com a tradição e memorizar narrativas, para a ser também um incentivo à descoberta de autores e textos autorais. O que permanece daqueles primeiros tempos são o encantamento e a sedução de contar e ouvir.

Esse é um bom exemplo para mostrar a falta que a reflexão teórica pode causar em termos de transtornos pedagógicos. Não estudar e desconhecer as referências e alterações sofridas pelas práticas em diferentes contextos transforma em preconceito a falta de conceitos.

O contador de histórias da família

Todas as famílias têm um contador de histórias que se lembra dos acontecimentos, das datas importantes e que sabe dizer direitinho como tudo aconteceu. Quase sempre são as pessoas mais velhas que guardam na memória todas essas notícias. É importante trazer essas pessoas para dentro das escolas, das bibliotecas e de outros espaços de formação de leitores, provocando e animando o diálogo entre as gerações, remetendo-as a outras leituras literárias e de mundo.

O contador de causos

Mesmo sendo uma tradição antiga, contar casos – ou *causos* – é uma prática que se mantém viva até hoje. E não só no interior ou no subúrbio, mas nas feiras livres ou nas pescarias. No papo entre amigos, os interlocutores sempre têm um caso para contar. A história, imaginada ou realmente vivida pelo contador, é narrada para todos como forma de diversão, entretenimento ou modo de divulgação de acontecimentos. O contador de causos geralmente tem o dom de contar, desconhecendo técnicas. Para ele, narrar é como respirar: faz parte da vida. Se você percebe quando alguém está para começar a contar um causo, arregale bem os olhos e abra os ouvidos...

O reconto

O que é o reconto? Reconto é a prática de recriar uma história: pode ser uma história que alguém contou, um texto que se leu, um filme que se viu, um caso que aconteceu. Há duas maneiras de realizar o reconto: ou a intenção de quem o faz é a de recriar exatamente o que leu, viu ou ouviu, ou, a partir de uma história original e preservando os dados básicos dessa história, reescrever o texto.

As narrativas da tradição oral são um exemplo do primeiro caso. Ao longo do tempo, determinada história vai passando oralmente, de geração a geração, e a ideia é preservá-la tal como era originalmente. Já na recriação, mantêm-se algumas características centrais da história – da trama ou de algum (ou alguns) personagem (ou personagens) –, mas o produto final é uma nova história. O texto *Fita verde no cabelo,* de Guimarães Rosa, é um exemplo de recriação a partir de um texto de origem: no caso, a história de *Chapeuzinho Vermelho*, de Perrault.

O importante em tudo isso é que a técnica do reconto é riquíssima como prática de estímulo à leitura. Quem não gosta de contar para alguém uma história que o encantou? E quem não gosta de brincar com as palavras alheias, mudando o final das histórias, invertendo as características das personagens?

Recontar uma história com entusiasmo e paixão gera no outro o desejo de saber mais, de ler ele mesmo aquela história (ou outra do mesmo autor). A criança convidada a contar para um grupo a história de um livro que leu coloca-se no lugar de quem produz o encantamento que a leitura solitária lhe proporcionou. Essa técnica permite também a apropriação do texto que se reconta: só posso recontar *a história que está em mim*, que eu conheço bem. Portanto, recontar é uma atividade lúdica que envolve tanto quem reconta como quem ouve a história, criando um moto-contínuo em que o que se repete, infinitamente, é o prazer de ler e de descobrir novas histórias.

Podemos recontar endossando o que lemos, e a isso chamamos *paráfrase*; podemos recontar desmontando o texto lido e brincando com ele, a isso chamamos *paródia*. Os Irmãos Grimm fizeram uma paráfrase do *Chapeuzinho Vermelho,* de Perrault. "São" Chico Buarque, com seu *Chapeuzinho Amarelo,* também faz uma paródia da mesma história. Respeitosamente.

Leitura e práticas

O planejamento de uma ação de formação de leitores considera necessariamente a adoção de uma prática pelo mediador para que seus aprendizes tenham contato com o texto a ser lido. Um primeiro aspecto a ser levado em conta ao se definir qual – ou quais – práticas serão escolhidas são as características do grupo com o qual se trabalha: qual é a faixa etária, se é alfabetizado ou não, se já possui alguma experiência de leitura, se tem alguma preferência comum... Deve-se, enfim, escolher um tipo de atividade adequada ao grupo e, por isso mesmo, atrativa e envolvente.

As práticas de leitura são as atividades que, apropriando-se do material a ser lido – verbal ou não –, criam uma relação entre o texto e o leitor, permitindo que o segundo o adentre e por ele se deixe envolver.

Há um universo bastante extenso de práticas que os mediadores de leitura podem adotar. Algumas bastante inovadoras; outras mais conhecidas e comuns; há aquelas mais trabalhosas, e as mais simples, fáceis de implantar. Algumas que necessitam de grandes investimentos, outras que requerem minutos, apenas. O limite é a criatividade de cada um e o grau de envolvimento do grupo com o qual se trabalha.

Vamos, contudo, apresentar algumas delas.

Uma prática bastante comum e simples de ser realizada no trabalho de formar leitores é a criação de *círculos* ou *rodas de leitura*. Cabe oferecer aqui algumas orientações para a realização desse tipo de atividade.

Os círculos podem ser realizados com alunos na sala de aula, com um grupo de pais, com funcionários da escola, com um grupo de uma comunidade. É importante haver alguém responsável pela organização da atividade e, ao menos no início, pela seleção das leituras que serão realizadas, funcionando como um leitor-guia. Posteriormente é muito importante também acolher sugestões de leitura propostas pelo próprio grupo. É recomendável que os encontros tenham duração determinada, não inferior a uma hora nem superior a duas horas, dependendo do número de participantes. A cada encontro, após a leitura do texto, deve ser realizada uma discussão sobre ele, cabendo ao leitor-guia o papel de mediador. É importante que, durante as discussões, não haja imposição de critérios nem "correções" entre o mediador e os participantes do grupo. Todos os comentários devem ser tratados como pertinentes e será a própria reflexão do grupo que poderá ou não validar algum comentário. É importante que o leitor-guia, como mediador, tente aproximar o texto lido da experiência dos leitores do círculo, incentivando-os a explorar suas memórias e algum outro texto ou material que dele se aproxime.

Como o conceito de leitura adotado pelo leitor-guia deve ser amplo, os círculos podem e devem também trabalhar com outras formas de expressão, como filmes, fotos, pinturas, gravuras, músicas. Pode-se mesmo associar mais de uma forma de expressão e incentivar o grupo a estabelecer leituras associativas entre duas ou mais formas de manifestação.

Outra prática também comum são os *clubes de leitura*. Eles reúnem amantes da literatura que, durante um ou mais encontros, se debruçam sobre autores e suas obras. Tal como ocorre nos clubes sociais, o próprio grupo estabelece suas regras, os direitos e deveres dos associados e os modos de coordenação e animação do trabalho. Como sócios, os participantes se comprometem a cumprir os preceitos e tarefas estabelecidos, garantindo, assim, a manutenção do grupo.

Essa é uma prática interessante para leitores em qualquer estágio de sua formação. Quando envolve crianças, o clube estimula também o desenvolvimento das questões relacionadas ao cumprimento de direitos e deveres, à liderança e à prática do comprometimento com o outro. Na adolescência e juventude, participar de um o clube toca diretamente as expectativas de pertencimento e aceitação sociais. Na idade adulta e na terceira idade, atinge as necessidades de partilhar visões de mundo e experiências vividas. Mas, para além de todos esses aspectos socioafetivos, os clubes de leitura permitem o contato com o texto literário, possibilitando o aprofundamento em temáticas ou autores específicos e, sobretudo, o prazer – e o privilégio – da leitura (com)partilhada.

Prática bastante conhecida, os *saraus* procuram reeditar o antigo hábito dos encontros – ou serões – que aconteciam em casas de algumas famílias que reuniam parentes e amigos no horário entre o jantar e a hora de deitar. Esses serões, comuns no Brasil até as primeiras décadas do século XX, incluíam, além da conversa, uma apresentação musical ou a leitura em voz alta de textos literários; ou, ainda, a declamação de poesias. Hoje, os saraus literários ou de poesia são uma prática bastante adotada por escolas, sobretudo no ensino médio, quando o desejo de participação social e os anseios próprios da idade proporcionam um bom envolvimento dos aprendizes com o evento e sua preparação, alcançando em geral bons resultados. De um ponto de vista mais metodológico, a preparação para o sarau permite não somente o contato com o texto literário, mas sua apropriação pelo seu leitor-apresentador, tendo em vista a preparação para a apresentação a ser realizada, quando, então, o texto assumirá a voz, os gestos e o corpo daquele que o interpreta. Nesse tipo de prática, o leitor empresta a si mesmo ao texto, dando-lhe uma interpretação única e cativando o público. Saber que a plateia é restrita, composta de pessoas do seu círculo íntimo, encoraja os mais tímidos.

Uma última prática que gostaríamos de destacar é a utilização do texto literário para realização de uma *apresentação teatral*. Essa atividade pode utilizar o texto em sua integridade ou o grupo pode utilizar recursos de intertextualidade, ou elaborar um novo final para a história; o grupo pode, enfim, recriar o texto original.

Representar um texto significa entrar em seu universo e possibilidades de interpretação, assumir os sentimentos de seus personagens, e – por que não? – pode revelar talentos escondidos. Além disso, é uma atividade que, em geral, congrega o grupo em torno de um objetivo comum, reforçando o comprometimento social e propiciando a aproximação entre as pessoas, que podem reciprocamente (re)descobrir--se em outros papéis.

Muitas outras práticas poderiam ser aqui citadas: produções escritas, elaboração de publicações, desfiles comemorativos... Como dissemos, o universo de possibilidades é bastante extenso. Pessoas envolvidas em processos de formação de leitores devem usar também a própria criatividade e sensibilidade na elaboração de novas práticas que considerem as especificidades e necessidades do grupo com o qual estão trabalhando. O mais importante é ter sempre em mente que os objetivos principais de qualquer prática são a conquista do interesse do leitor e a ampliação de sua capacidade de apropriação de textos em suas diversas formas.

A avaliação: uma questão complexa

No âmbito da escola, é necessário chamar a atenção dos professores para os processos de avaliação, um ponto relevante quando o tema em pauta é a formação de leitores. Quando falamos em estimular a leitura, referimo-nos basicamente a dois tipos de leitura. O primeiro é a leitura de textos técnicos, informativos, didáticos – ou seja, de textos que transmitem conhecimentos associados a matérias ou disciplinas (e que podem ser fonte de grande prazer, o prazer da aquisição de um conhecimento formal, mas nos quais existem um *certo* e um *errado*); e o segundo tipo de leitura, o de textos de literatura e outras linguagens da arte.

No primeiro caso, estamos ensinando, *por meio da leitura*, uma disciplina específica que requer, exatamente, o exercício de *disciplinar* o pensamento para aprender a discernir entre o que está certo e o que está errado em relação aos conhecimentos acumulados em um campo de conhecimento.

No segundo caso, apresentamos ao aluno outro tipo de texto – verbal ou não verbal –, convidando-o a exercitar livremente o pensamento, a sentir prazer, a ousar imaginar, cultivar atitudes reflexivas, interpretar e relacionar o lido e o visto com o mundo em que vivemos.

Não há como despertar o desejo e o prazer de ler esse tipo de texto se o leitor em formação for em seguida obrigado a responder – "valendo nota para passar de ano" – a um questionário sobre um conto ou poema, ou a fazer o resumo de um romance, ou enumerar as cores presentes em um quadro. Nesse caso, em vez de uma descoberta, esse tipo de prática – a da avaliação "valendo nota para passar de ano" – aproxima a leitura de textos de literatura e outras artes de qualquer tarefa ou exercício de fixação dos conteúdos das disciplinas formais.

No âmbito escolar, a leitura de literatura, assim como a leitura de todas as linguagens da arte, requer do professor outra postura. Afinal, literatura não se ensina: literatura se vivencia! Como isso tudo pode então ser "medido", enquadrado em um sistema formal de avaliação? A resposta é simples: não pode, pelo menos não pelos critérios usuais por meio dos quais avaliamos a compreensão que os alunos têm de disciplinas como Matemática, Língua Portuguesa ou Ciências.

Quando tratamos da vivência e convivência com textos literários, assim como com outras linguagens artísticas, verbais ou não verbais (poemas, romances ficcionais, contos, contos de fadas, quadros, fotografias, músicas e letras de música etc.), o aluno precisa sentir-se livre para fazer suas descobertas.

A sugestão é que as atividades e práticas de leitura sejam avaliadas de modo diferenciado. O professor pode criar um diário em conjunto com os alunos, no qual registre as atividades propostas e o comportamento da turma ao realizá-las. Cada aluno pode ali registrar sua própria reação e envolvimento com as atividades e as leituras propostas. Mais tarde, todos poderão ler o diário das atividades e ver o que mudou. Os alunos devem realizar autoavaliações, nas quais comentem o que mudou em suas vidas a partir da descoberta do gosto pela leitura.

O objetivo de quem promove a leitura não é dar notas, mas criar uma ponte entre o possível leitor e os textos, de tal modo que o novo leitor se sinta encorajado e estimulado a ler por conta própria, aumentando sua autonomia na busca e seleção do que ler. Este é o resultado *nota dez* que um mediador pode esperar de seus alunos.

Veja também:

- A leitura e a interpretação correta
- Avaliação: uma questão complexa
- Avaliar pelo critério da coerência

Avaliação e variação interpretativa

A nossa tradição escolar de ensino de literatura se baseou, durante muito tempo, em pelo menos dois princípios – ou fundamentos – no que diz respeito à autoridade: a do professor, considerado o detentor do "segredo da interpretação correta", e a dos livros de história da literatura, cujos conteúdos, em geral, trazem fatos literários apresentados como uma série de dados relacionados e dispostos em ordem cronológica. O professor seria portanto o conhecedor do "sentido correto do texto" e do desenrolar, ao longo do tempo, dos fatos literários.

Em qualquer dos dois fundamentos de autoridade subjacentes aos modos tradicionais de ensinar literatura – autoridade do professor ou autoridade do historiador da literatura – a questão da avaliação fica relativamente facilitada, porque ao aluno caberia apenas reproduzir fielmente a "interpretação correta" *dada* pelo professor e os conteúdos – datas, nomes, características definidoras dos estilos de época – dos livros de história de literatura. Nessas condições, avaliar é um processo até certo ponto simples, pois, tratando-se de conteúdos bastante rígidos e estáveis, é possível definir o que é "certo" e o que é "errado".

Mas será que esses dois modos de ensinar literatura formam um leitor autônomo, criativo, apto a pensar com a própria cabeça? Formam um leitor-cidadão? Receamos que as respostas a essas duas perguntas sejam ambas negativas.

Acreditamos que um dos caminhos alternativos mais interessantes para levar a literatura à sala de aula seja aquele de não reproduzir com os alunos o modo autoritário por meio do qual nós próprios, professores, em nossa grande maioria, aprendemos a ler literatura no ambiente escolar: pela imposição de interpretações dadas e/ou pela decoreba-memorização de datas e características de estilos de época.

O "bom aluno", nesse tipo de situação de ensino e avaliação, é aquele que, antes de tudo, sabe, percebe, intui o que o professor espera dele. Ele sabe ler as entrelinhas da fala e dos gestos do professor e também sabe como tirar *dez* na prova: reproduzindo *tim-tim por tim-tim* o que o professor disse sobre um texto literário. Nada de discordar. Nada de divergir. Nada de mostrar ao professor uma interpretação diferente.

– Meu professor quer que eu escreva exatamente o que ele disse na sala de aula sobre esse texto literário.

Quantas vezes não ouvimos isso da boca de jovens que também afirmam "não gostar de ler"?

A maneira mais feliz de, em ambiente de sala de aula, realmente formar leitores – que sejam sujeitos de fato pensantes – demanda antes de tudo uma mudança de postura por parte do professor.

Esse é um desafio sabidamente enorme que, muitas vezes, exige do professor o desejo e a disposição de encontrar modos diferentes de lidar com a leitura dos textos literários que ele próprio leu, quando ainda aluno na escola. Mas, se quisermos realmente formar leitores, nós, professores, teremos de aceitar esse incontornável desafio e romper com padrões de ensino de literatura autoritários e ineficazes, assumindo uma nova postura em sala de aula. E qual é essa postura? Não há regras infalíveis a ser seguidas, mas este *Manual de reflexões sobre boas práticas de leitura* se propõe a indicar alguns caminhos.

Talvez hoje o maior problema para o professor de literatura seja reconhecer suas próprias limitações. Não se trata apenas de limitações de conhecimento – afinal, ninguém sabe tudo! –, mas também aquelas que todos nós temos, professores ou não, de sentir e interpretar o mundo, a vida, a literatura, as artes, os acontecimentos, pois cada um de nós é único e vive de forma diferente dos outros.

Explicando melhor: sabemos que todos os seres humanos possuem cultura. Todos nós – crianças, jovens, professores, alunos – participamos de várias comunidades culturais. Mas nenhum de nós participa da totalidade das comunidades da cultura em que vive. Alguns brasileiros não gostam de futebol ou não conhecem muito bem a regra de impedimento. Algumas mulheres entendem de futebol mais do que alguns homens. Um jovem ou uma jovem com menos de 16 anos não pode votar nem casar porque, em princípio, a lei considera que eles ainda não têm discernimento para fazer escolhas sensatas. Uma exímia bailarina clássica pode não ser capaz de sambar. Por outro lado, um bom cantor de rock pode apreciar ópera e discutir horas a respeito, embora não consiga cantar canções desse gênero musical. Com esses exemplos extremos podemos perceber que há diferentes maneiras de participar da própria cultura em que vivemos e que ninguém participa – nem consegue participar – de todas as facetas da cultura em que vive.

As formas parciais e muito variadas pelas quais cada indivíduo ocupa e desfruta o meio cultural em que vive faz que cada um de nós também seja um universo único e tenha um olhar bastante singular sobre as "coisas do mundo". Esse olhar singular em alguns momentos pode até ser partilhado e parecido com o olhar dos outros, mas muitas vezes não é.

Como a literatura faz parte da cultura, todos nós – alguns mais cedo, outros mais tarde, alguns mais, outros menos – aos poucos vamos criando nossa bagagem de conhecimentos sobre literatura. A isso chamamos de socialização literária.

O professor de literatura que reconhece a existência de semelhanças e diferenças entre os alunos e entre os alunos e si próprio poderá de modo mais confortável estabelecer para si um papel diferente daquele de "dono da interpretação correta sobre um texto literário", que avaliará seus alunos tendo por critério a *reprodução exata* do que ele próprio entendeu do texto ou *a reprodução fiel* das características dadas pelos livros de história da literatura para cada estilo de época.

Esse novo papel assumido pelo professor é o de ser mediador e facilitador, entre seus alunos, das possíveis interpretações que textos literários, ou qualquer outra linguagem artística – fotografia, cinema, pintura, música e outras – possam provocar. Ao exercer esse novo papel em sala de aula, o professor passará a ajudar cada um de seus alunos a expressar sua própria interpretação do texto; ao mesmo tempo, propiciará a cada um deles a oportunidade de aprender a escutar a interpretação de seus colegas e a do próprio professor.

O professor que se deixa surpreender – e expressa sua alegria e surpresa quando um aluno propõe uma interpretação que ele próprio, professor, jamais imaginara antes, reconhecendo valor nela – está formando não apenas um leitor, mas também, provavelmente, um cidadão que saberá, por sua vez, se colocar no mundo, que saberá expressar sua opinião e, pelo exemplo dado pelo professor, também saberá ouvir o ponto de vista dos outros.

Nesse novo papel, o professor continua a exercer sua autoridade na sala de aula, mas ela estará fundada no respeito conquistado, e não no medo incutido. Uma sala de aula em que o professor valorize diferentes olhares certamente proporcionará aos alunos um contato muito mais prazeroso e acolhedor com a literatura. Mas também – e isto é muito importante – ensinará esses alunos a falar e desenvolverá a sua capacidade de escuta. E saber ouvir é tão importante quanto saber falar.

No entanto, assumir esse novo papel não é fácil para o professor. Expressar seu ponto de vista, saber fazer-se escutar e, sobretudo, saber escutar o que seus alunos dizem são ações que precisam ser habituais ao próprio professor para que, desse modo, ele possa se tornar um exemplo a ser seguido. Os alunos que percebem que seu professor firmou com eles um compromisso de troca de conhecimentos, de afetos e de respeito tendem a acompanhá-lo. E alunos que na própria sala de aula vivem a experiência de poder falar e saber ouvir provavelmente levarão para a vida tais valores, e assim poderão agir de forma respeitosa e amorosa com aqueles com quem convivem, e deles pedindo exigindo o mesmo em troca.

Nesse sentido, o processo de aprendizado de literatura vivenciado de forma respeitosa e amorosa em sala de aula prepara o aluno para viver e valorizar uma sociedade plural e democrática, na qual diferentes opiniões são aceitas e discutidas, sem opção para confrontos violentos.

Compreender que textos literários provocam diferentes interpretações não significa, contudo, aceitar toda e qualquer afirmativa feita sobre esse tipo de texto. Há que se valorizar a coerência de cada afirmativa.

A coerência passa então a ser o critério básico de avaliação do professor. Evidentemente, um critério de avaliação muito mais difícil de praticar do que aquele que se baseava na reprodução fiel, por parte do aluno, fosse da interpretação dada pelo professor ou dos dados elencados pelo livro de história literária.

Baseando-se agora no critério da coerência, o professor deverá avaliar a capacidade de cada aluno de fazer-se entender e de entender as opiniões dos outros, ainda que delas discorde. Embora não seja aceita pelos demais, uma interpretação deve se sustentar em critérios de coerência, pois só pela coerência de ideias é possível uma pessoa entender um ponto de vista; a partir daí, ela poderá discordar, concordar ou concordar apenas parcialmente com ele.

Assim, o professor, além de ser o mediador e facilitador dos debates em torno das diferentes possibilidades de interpretar textos literários, deve também voltar sua atenção para cada um de seus alunos. Deve avaliar se ele sabe apresentar de modo inteligível – oralmente ou por escrito – seus pontos de vista e interpretações provocados pelo texto, se sabe aceitar o fato de que nem todos concordarão com sua perspectiva, se sabe escutar os colegas e suas diferentes interpretações e opiniões.

Quando um aluno não conseguir expressar suas ideias com clareza, o professor, de forma amorosa e respeitosa, deve incentivá-lo a tentar outra vez, até que o aluno consiga se fazer entender, até que seu ponto de vista possa ser partilhado. Saber esperar pela elaboração oral ou escrita do aluno é tão importante quanto reconhecer o valor dessa elaboração.

Contudo, nunca é demais repetir: nem toda e qualquer interpretação deve ser aceita. Toda interpretação deve ser capaz de articular, como peças ajustáveis, e de distintas maneiras, entre os muitos sentidos possíveis, de forma coerente, com probabilidade de ser compreendida e, por isso mesmo, até refutável. Daí a importância de avaliar o desempenho do aluno por critérios como, por exemplo, logicidade e coerência. Seus argumentos dependem de uma validação gerada no seu próprio engendramento – ainda que haja uma contraprova, ou seja: outro ponto de vista, outra articulação.

Nesse modo alternativo de lidar com literatura em sala de aula, já não se acredita que existam interpretações "corretas" para cada texto literário, e sim interpretações *coerentes*. Tampouco se considera tão importante que o aluno decore datas de início e fim, bem como a sequência em que estilos literários se sucederam ao longo do tempo, a não ser que esses conhecimentos possam ser ensinados pelo professor de História e relacionados com os contextos históricos em que cada estilo e movimento literário surgiu.

No modo alternativo de lidar com literatura em sala de aula que propomos aqui, o aspecto mais importante a ser ensinado, ou melhor, *vivenciado*, é o das possibilidades de leitura oferecidas por textos literários. Nesse sentido, já não se trata de "ensinar literatura", mas de viver e construir com os alunos um caminho para a leitura e vivência de textos literários. Da convivência de textos e leitores nasce a experiência da palavra que descobre o mundo do leitor e sua subjetividade.

Assim, além de entender os critérios de avaliação adotados pelo professor, também é muito importante que os alunos entendam a sua metodologia de trabalho. Ou seja, é preciso que os alunos saibam qual é o "jogo" que estão jogando. Um jogo no qual estão de fora a "decoreba" e a simples imitação; um jogo no qual a autoridade do professor não se baseia em um saber pré-formulado que precisa ser reproduzido *tim-tim por tim-tim* e acriticamente pelo aluno. A autoridade do professor aqui se baseia em um saber de ordem metodológica, que o capacita a servir de mediador ou facilitador das descobertas de seus alunos.

Se souber que cada aluno é um universo novo, o professor não temerá se surpreender com interpretações diferentes da sua. Ele se orgulhará ao descobrir que seus alunos são capazes de surpreendê-lo com novos olhares sobre um texto literário já tantas vezes lido e interpretado por ele com outras turmas e em outras ocasiões. Esse professor sabe, como disse certa vez o escritor italiano Umberto Eco, que todos nós somos como anões apoiados em ombros de gigantes, e que, exatamente por isso, enxergamos mais longe que os próprios gigantes. O bom professor quer que seu aluno enxergue e chegue mais longe do que ele próprio.

Por outro lado, o professor não deve deixar de mostrar aos seus alunos o que sabe; não deve se eximir de apresentar a eles a sua interpretação de um texto literário. Os alunos precisam conhecer o modo como o professor formula questões e expõe suas próprias interpretações. Oferecer esse exemplo, a sua própria vivência com os textos literários, é um modo de ensinar. Não exatamente de ensinar a literatura, mas o modo de se relacionar com ela. É ensinar o caminho da leitura e das associações de ideias e memórias, o que nos leva a possibilitar ao aluno fazer a sua própria interpretação. O professor não pode se eximir de ensinar esse caminho. De ensinar seu próprio método de ler. De expor sua leitura não como a primeira e única, mas como uma, coerente, entre as tantas leituras possíveis.

Método, do grego *methodos*, significa "caminho para se chegar a um fim". Por isso, mostrar como descobrir o próprio caminho de leitura é ensinar um método de se produzirem interpretações, conhecimentos e saberes, qualquer que seja a matéria. Em se tratando de literatura então... Mas é preciso lembrar que o método de ler varia de pessoa para pessoa e que o que funciona para uma pode não funcionar para outra. E não é demais reiterar que a interpretação do professor é mais uma interpretação entre outras.

Para alunos mais amadurecidos, um bom modo de mostrar o quanto as interpretações podem diferir de pessoa para pessoa é oferecer textos (ensaios, por exemplo) em que diferentes críticos literários interpretem de diferentes modos um mesmo texto ficcional ou poético. Com isso, o professor estará mostrando aos seus alunos que entre os próprios críticos literários há divergências. Mostrar que a beleza do mundo literário está na profusão e variedade de interpretações e modos de ler talvez seja o segundo maior ensinamento que um professor de literatura pode oferecer aos seus alunos.

O texto literário

Ouvir e entender a visão dos outros sobre um dado texto literário. Saber que nem sempre todos concordarão sobre um tema. Saber opinar. Saber ouvir. Saber discordar. Todas essas ações podem e devem ser exercitadas em sala de aula a pretexto da leitura de textos literários. Isso porque o texto literário – diferente dos textos informativos e dos didáticos – não tem uma única interpretação correta. Os textos literários permitem variadas interpretações: essa é uma das belezas – e dos grandes ensinamentos – da literatura.

Veja também:

- A leitura e a interpretação correta
- Avaliação: uma questão complexa
- Avaliar pelo critério da coerência

Avaliar pelo critério da coerência

A avaliação do aproveitamento e desempenho dos alunos é uma das questões mais espinhosas a ser abordada em um *Manual de reflexões sobre boas práticas de leitura*. No entanto, ela não pode ser descartada: é exatamente por ser uma questão complexa que precisa ser debatida.

Há uma hora e um lugar certos para avaliar. A avaliação pode ser um bom modo de conseguir detectar dificuldades de aprendizado entre os jovens alunos em formação. Por outro lado, pode também ser uma "ducha de água fria" quando desestimula, intimida, subestima e – talvez o pior dos seus efeitos colaterais – aborta o leitor que está para nascer.

Avaliações são necessárias do ponto de vista da obrigação do professor de ensinar seus alunos. É preciso haver formas de quantificar o grau de aproveitamento do aluno em dada matéria, ensinada oralmente pelo professor durante a exposição de conteúdos e também por meio de textos escritos, sejam eles livros didáticos ou textos variados de caráter informativo.

Mas e no caso da literatura e de outras linguagens artísticas? Ou melhor, e no caso da experiência de partilha que se dá entre alunos e professores quando se colocam diante de um texto literário em prosa ou poesia? Ou diante de um quadro? Ou ouvindo música? Faz sentido avaliarmos os efeitos que um texto literário, um quadro, uma música provocam em um dado leitor, seja ele jovem, não tão jovem, professor, aluno?

A avaliação tradicional, por meio de provas, testes, de o que é "certo" e "errado" não é, em princípio, o melhor modo de estimularmos jovens leitores em formação a desenvolver o prazer pela leitura de textos literários e de outras expressões da arte.

É esta a nuance que precisa ser submetida a uma discussão. Podemos seguir os mesmos parâmetros de avaliação com nossos alunos quando trabalhamos com eles textos informativos e literários, ou qualquer outra expressão artística?

Ao que tudo indica, a resposta é *não*.

Os textos informativos, encontrados nos livros didáticos, têm a função de proporcionar ao leitor um conhecimento disciplinar formal, concedendo-lhe, no futuro, o direito de conquistar uma profissão e exercê-la com competência. Porém, esse mesmo conhecimento formal precisa ser continuamente avaliado para garantir ao próprio estudante que ele está preparado para o competitivo mundo do trabalho. Mas, mesmo com todo esse cuidado, muitas dessas informações podem ser questionadas: terá sido realmente por acaso que Cabral chegou a estas terras?

Mas os textos literários, sejam eles de poesia ou ficção, são especiais. Assim como o das obras de arte em geral. Eles nos permitem olhar o mundo – o mundo do trabalho, o mundo que herdamos e no qual precisamos nos inserir – por uma perspectiva crítica. Por uma perspectiva que, alimentada pela imaginação, pela possibilidade de se poderem criar mundos alternativos e de desenvolverem novas sensibilidades, fará que tenhamos condições de, tendo entrado para o mundo do trabalho, não nos submeter completamente a ele. E, se temos direito ao mundo que herdamos, também temos o direito e o dever de modificá-lo, tornando-o melhor para aqueles que virão depois de nós.

A literatura e as artes não são conhecimentos formalizados, estáveis, e sim expressões da criatividade, pois estão permeadas pelo incomum. São linguagens que muitas vezes conseguem nos surpreender e nos retirar de nossa zona de conforto, abalando algumas verdades. Por isso a avaliação baseada em critérios rígidos, dura, não é uma boa prática para a formação de leitores de literatura e das várias linguagens das artes, e o que se pretende são leitores livres, criativos, críticos.

A avaliação da relação do aluno com textos literários e outras expressões artísticas precisa ser baseada em critérios diferentes daqueles que orientam a avaliação da relação do aluno com textos didáticos e informativos, que tratam de saberes formais e aplicáveis. A avaliação baseada em novos critérios/ em critérios mais apropriados, em vez de parecer "frouxa", demanda do aluno que ele pense, compare, deduza – um aprendizado subliminar.

No caso dos textos literários, mais que avaliação, é preciso estabelecer com o aluno um diálogo a partir do qual seja possível avaliar, isto sim, sua capacidade de interpretar o texto, de reagir ao texto, de dele discordar. O que se deve avaliar nesse caso não é a reação mecânica e automática ao texto, baseada em parâmetros impostos, por exemplo, quanto à sua capacidade de reproduzir interpretações já consagradas de um dado texto, seja por críticos literários, seja pelo professor regente da turma. O que precisa ser avaliado é a complexidade do diálogo que o aluno é capaz de desenvolver a partir do texto – com seus colegas, com seu professor e com o próprio texto –, além da capacidade de defender seus pontos de vista e também de escutar as falas dos colegas e do professor.

Uma vez, um menino defendeu convictamente que a personagem principal de um conto de Marina Colasanti, *O último rei,* era o vento – e não Kublai-Khan. E o menino sabia argumentar e defender o seu ponto de vista: por que não considerar sua argumentação, tão diferente da que se costuma ver para esse texto? Leia o conto e reflita você também...

Veja também:
- A leitura e a interpretação correta
- Avaliação: uma questão complexa
- Avaliar pelo critério da coerência

Competição e premiação formam leitores?

Muitas vezes a estratégia que o professor encontra para estimular a leitura entre seus alunos é estabelecer algum tipo de jogo – por exemplo, uma gincana – em que se propõe uma competição na qual os vencedores ganharão prêmios. Embora isso possa ser divertido para os alunos, temos de pensar se a prática traz bons efeitos a longo prazo.

Ler é uma atividade que, sem dúvida, tem um aspecto instrumental. A leitura é necessária para a aquisição de conhecimentos técnicos e de saberes formais organizados em disciplinas. Mas ler, sobretudo ler literatura, também é uma atividade lúdica, descompromissada, que possibilita a fruição da arte, da vida, de experiências e vivências que não precisam ser submetidas à lógica da competição, do tempo que se esgota, da pressa.

Nesse sentido, vale desconfiar da validade de práticas de incentivo à leitura que associam leitura a competição e a premiação. Em um mundo já dominado e saturado por processos competitivos, a leitura – sobretudo a de textos literários – deveria ser um nicho, uma reserva sociocultural na qual os sujeitos pudessem exercitar suas sensibilidades sem serem forçados às regras dos altos índices de produtividade e eficiência – as regras que dominam o mundo competitivo do trabalho, por exemplo.

Além disso, embora a curto prazo tal incentivo possa ser estimulante e apresentar resultados positivos, a longo prazo a eficiência dessa e de estratégias similares é questionável. Os efeitos da leitura associada à competição, tidos como benéficos – por exemplo, o aumento do nível de leitura –, podem se diluir a longo prazo.

Não é difícil imaginar um aluno premiadíssimo pelo bom desempenho em uma gincana de leituras perguntar-se, diante de um livro que lhe caiu nas mãos, em uma situação em que não haja competição nem premiação:

– Para que e por que vou ler esse livro se não há nenhum prêmio a ser ganho?

É verdade que a leitura pode ser muito divertida quando envolvida em um jogo competitivo. Também é verdade que a leitura pode ser muito prazerosa se feita conjuntamente, interativamente, com "colegas competidores" e, sobretudo, com parceiros de leitura.

E se a competição fosse substituída pela colaboração? Leituras dramáticas, jograis, encenações, formação de júris para julgar as personagens podem ser muito mais produtivos que a concorrência, a disputa de prêmios.

Além do que, leituras feitas de modo solitário, sem a obrigação de "mostrar bons resultados", são leituras especiais, que nos proporcionam um tempo de maturação e apreciação impossível de ser vivido quando estamos "competindo com outros leitores".

Ler com calma, deitado na rede, à beira da praia, na cama, antes de dormir. Ler no ônibus, voltando do trabalho, e, pela leitura, ter a sensação de estar muito longe do trânsito engarrafado. Ler sem ter de prestar contas a ninguém. Sem ter de mostrar serviço. Não podemos privar os jovens desse tipo de experiência suave, tranquila, rica, porque desvinculada de uma avaliação de resultados.

Veja também:

- A importância de ler literatura e o dogma da interpretação correta
- Avaliação: uma questão complexa

Espaços privilegiados de promoção da leitura

Ler é conhecer lugares e pessoas novas
sem precisar tirar o pijama.
Ilana Kaplan

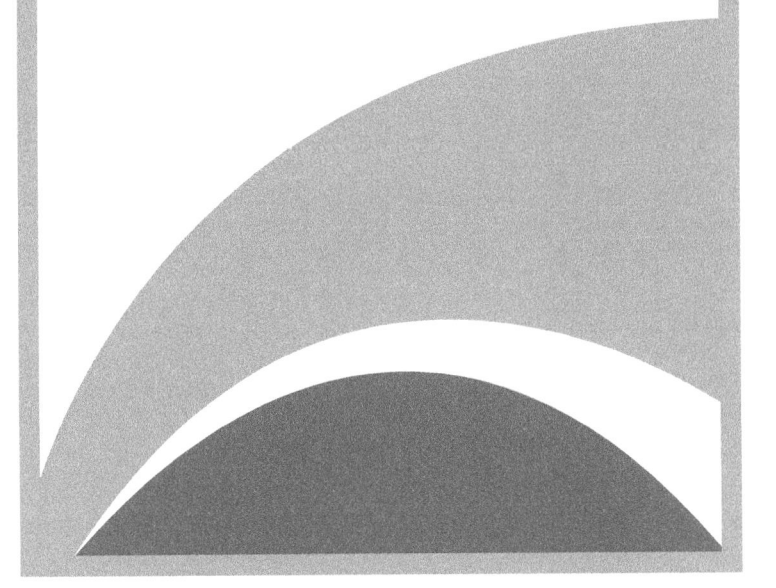

A família e a leitura

A família é o primeiro espaço de inclusão social de uma criança. Ao chegar ao mundo, a criança é recebida pela família, e, se acolhida em um ambiente saudável e amoroso, maiores serão suas chances de se constituir um adulto maduro e responsável para com os outros e com o mundo. É na família que a criança desenvolve os hábitos e valores que carregará por toda a sua vida; mediante o convívio e o exemplo dos familiares que a cercam apreenderá gostos e costumes que, no futuro, determinarão seu modo de ser e participar do mundo.

Por essa tão grande importância, a família é espaço privilegiado para a formação de um leitor: pais leitores poderão formar filhos leitores. Porém, sua influência deve se estender para além do exemplo do ato de leitura em si, e o compromisso dos pais deve se refletir em ações em prol do desenvolvimento da capacidade leitora de um outro ser desde a sua mais tenra idade, sobretudo naquelas que mais tarde serão articuladas às atividades pedagógicas da escola.

Em tal empreendimento, entram em cena outros atores além dos pais: o avô contador de histórias, a avó que canta cantigas de ninar, o tio que lembra todos os fatos da família, a prima que leva a criança ao teatro ou ao cinema, a madrinha que passeia e conhece a história dos pontos turísticos da cidade – enfim, todos aqueles que podem oferecer à criança variados enfoques da leitura e em diferentes linguagens.

Mas, nessa rede de possibilidades, há um aspecto que não pode ser deixado de lado: o acesso ao livro e a importância de um acervo (ou uma biblioteca) familiar.

A ideia de biblioteca vem sendo secularmente perpetuada como um local sagrado, onde segredos devem ser ritualizados e transmitidos para e por alguns poucos, a fim de que o mistério se perpetue.

Mas é justamente no sentido inverso a esse que se situam as bibliotecas da família. Em vez de segredo, ocorrem acessibilidade e vida pela ação da leitura e do leitor, pela relação que os membros de uma família podem criar em torno do livro, da leitura em voz alta, dos comentários sobre as obras existentes na estante e da importância do exemplo de leitura que pode influenciar gerações.

Muitas vezes os acervos são *mostruários* sem vida, rigidamente organizados em *estantes-arranha-céu*. Uma biblioteca familiar deve ser pensada não só com estantes, mas com ambiências de leitura, com a criação de espaços agradáveis para o convívio com os livros e demais suportes de leitura e diversidade de linguagens: tapetes, almofadas, cadeiras de balanço, cestos com revistas e livros, plantas, cores. Para o leitor ler gostoso uma boa história, ouvir com prazer uma melodia e assistir, quieto e trêmulo, a um filme.

E leituras podem ocorrer em espaços multiplicados da casa: revistas e jornais no banheiro, obras culinárias na copa-cozinha, "livros a mãos cheias" bem ao lado da TV e do acervo de CDs e DVDs: por que não?

Veja também:

- Por um banquete amplo e variado
- A contação de histórias
- A responsabilidade de formar leitores
- Oralidade, leitura e escrita

A leitura na escola

Na escola, de modo geral, pode-se constatar uma variedade de espaços e ações que potencializam práticas de leitura diferenciadas.

Nesse contexto, muitas vezes em condições precárias, os professores tentam realizar ações de fomento à leitura em espaços como a sala de aula, a biblioteca e as salas de leitura. Mas... E a leitura nos corredores, nas cantinas, nos pátios e em outros espaços de compartilhamento da escola? Como a leitura pode, afinal, ocupar esses espaços esquecidos? De fato, há poucas pesquisas sobre isso. Ao que parece, esses locais são deixados de lado, ainda que possam – e devam – ser aproveitados como espaços para uma leitura que vai para além do texto escrito.

Tradicionalmente, a *leitura na sala de aula* é a mais enfatizada e recorrente. Porém, há que se ter um olhar crítico também sobre ela, que muitas vezes se constitui em uma prática que visa apenas ao desenvolvimento de habilidades como fluência, entonação e rapidez, ou ao trabalho com atividades gramaticais. Nesses casos, os resultados esperados são, na grande maioria das vezes, apenas aqueles relacionados ao aprendizado da escrita e do letramento. Esse comportamento ainda é muito presente nas escolas brasileiras.

Outro trabalho bastante comum nas escolas é o que envolve a adoção de uma grande diversidade de gêneros e suportes textuais, que, no entanto, apenas camuflam a intenção de avaliar o aluno com os mesmos critérios de sempre – a intenção autoral, a fluência, a entonação etc. – e não levam à formação de uma capacidade leitora crítica.

Precisamos validar atividades e ações que ampliem o campo da leitura como produção de sentidos na interação do leitor com o livro. Para isso, talvez, as atividades, os critérios e as justificativas propostas pelo sistema tradicional de avaliação de resultados necessitem ser reavaliados e buscadas alternativas que visem de fato à formação de um leitor socialmente senhor de seu discurso.

Contudo, voltemos um momento aos outros espaços esquecidos: nas cantinas e nos banheiros, charges e textos bem-humorados podem ajudar a motivar a postura civilizadora da limpeza, postura ecológica que deve ser disseminada para outros espaços públicos. E, no pátio, no salão de jogos, nos ginásios desportivos: não haverá lugar para uma crônica interessante de um jornalista? Falamos do elevador? E do auditório? Ouvir também é uma forma de ler... Que beleza entrar na biblioteca e dar de cara com um poema, um verso, um pensamento na parede, antes de os olhos alcançarem as estantes.

Avisos podem ser bastante lúdicos e inteligentes, como em algumas raras propagandas que nos procuram induzir (ou seduzir?) para compras.

Não é curioso, por exemplo, um anúncio que, após propor o consumo de fumo ou bebida alcoólica, nos advirta – por obrigatoriedade – que aqueles produtos fazem mal à saúde? Como lemos essas textualidades na escola?

A estante de livros na sala de aula

A proximidade com os livros e a possibilidade de livre escolha da leitura são dois elementos importantes para o trabalho de formação do leitor. Uma prática bastante simples e eficaz é a colocação de uma estante de livros em sala de aula e as atividades que podem ser desenvolvidas a partir e em torno dela.

O primeiro passo é montar a estante. Dependendo da realidade da escola ou do grupo com que se trabalha, há vários modos de fazê-lo – por exemplo, pode-se pedir que cada aluno traga um livro de sua escolha para formar a biblioteca da sala; pode-se, ainda, pedir ajuda à biblioteca da escola. Assim, os alunos visitam a biblioteca, cada um escolhe um título e os livros ficam por determinado período na sala de aula; aos poucos eles serão substituídos por novos títulos ou pode-se pedir a ajuda dos pais e outros colaboradores para a composição do acervo. Além disso, pode-se enfeitar e dar um nome à biblioteca da sala. Enfim, é permitido utilizar qualquer recurso para criar em torno da estante um espaço de interesse e referência de leitura para as crianças.

As atividades podem ter diversas estratégias. Cada aluno escolhe uma leitura; e marca-se uma data para que cada um reconte para a turma a história que leu. A turma pode ser dividida em grupos; estes escolherão um livro para ler e uma atividade para desenvolver a partir dessa leitura. Dentre os grupos, um pode fazer uma pequena representação teatral da história, outro ilustrar a história lida e assim por diante. Os alunos podem ser estimulados, também, a escolher um livro para ser lido durante as aulas, quando tiverem finalizado suas tarefas de rotina.

Se os alunos têm a chance de ler todos um mesmo título, indicado por um colega, podem ocorrer debates em torno dos personagens, sobre o desdobramento das ações, e também a criação de diferentes desfechos, por exemplo. Os alunos podem ser – eles mesmos, por revezamento – os bibliotecários responsáveis pelo acervo e pelos empréstimos, inclusive para a leitura em casa.

O fundamental nesse tipo de recurso é aproximar o livro do leitor e estabelecer a liberdade de escolha do que se vai ler, pois a proximidade aguça a curiosidade e a escolha pessoal aumenta a relação de intimidade com o texto.

As atividades desenvolvidas a partir do uso da biblioteca da sala de aula não devem estar vinculadas a uma avaliação formal. Essas atividades devem ser um momento de prazer e exercício da criatividade.

A sala de leitura

A implantação de salas de leitura nas escolas é uma boa prática para a realização de atividades de aproximação do aluno com a leitura. Nem sempre as escolas possuem uma biblioteca; nem sempre as bibliotecas escolares já instaladas são abertas aos alunos; nem sempre as bibliotecas existentes são espaços que acolham atividades de promoção de leitura, pois estas muitas vezes não se adequam ao comportamento exigido do público em uma biblioteca: o de silêncio e concentração.

Então, as salas de leitura funcionam como espaços privilegiados para o trabalho de promoção de leitura. Geralmente preparadas para favorecer o ato de ler, com instalações confortáveis e ambiente acolhedor, as salas permitem a realização de atividades que favoreçam a interação do leitor com o texto (verbal ou não). Nesse espaço alunos ouvem contações de histórias, assistem a peças de teatro de fantoches e a filmes, discutem textos lidos, elaboram ilustrações e criam suas próprias histórias.

É, portanto, salutar e prioritário incentivar a implantação de salas de leitura nas escolas brasileiras, para que nossos alunos possam perceber a importância do ato de ler e a sua dimensão, que ultrapassa o contato com o livro e transforma toda a forma de recepção de um texto.

Veja também:

- Avaliação: uma questão complexa
- Avaliação e variação interpretativa
- Avaliar pelo critério da coerência
- A leitura e a interpretação correta

A biblioteca

As bibliotecas, no sentido amplo da palavra, existem há quase tanto tempo quanto os registros escritos. A intenção de criá-las parte de vários princípios e desejos. Talvez um dos mais comuns seja o fato de querermos guardar, colecionar e organizar a informação de modo que esta possa ser compartilhada com aqueles que desejam buscá-la. Porém, nos dias de hoje, além de espaço de guarda, registro e organização de informações em diversos suportes – sobretudo livros, mas também periódicos, revistas, CDs, DVDs, discos etc. –, as bibliotecas exercem ainda um papel social, a partir da possibilidade de se constituírem como espaços de promoção da leitura.

Foi-se o tempo em que a biblioteca era sinônimo de lugar sagrado ou de castigo. Hoje, o desejo de compartilhar ideias e ajudar na produção de significados a partir da leitura está aumentando com grande rapidez e isso exige um novo posicionamento dessa instituição. Não podemos negar, é claro, que há ainda muito trabalho a ser feito, como, por exemplo, suprir a falta de bibliotecas em todas as escolas do país, nas comunidades, em espaços públicos, de modo que todos possam ter acesso às práticas e aos conteúdos que elas oferecem. Mas um fato já é verdadeiro: as bibliotecas, antes intocáveis e relegadas a um uso silencioso, contido, quase triste, necessitam hoje, para sobreviver, de leitores atuantes dentro delas. São, portanto, um espaço que contribui para o encontro de leitores e suas leituras, nas variadas linguagens, suportes e formas de expressão, promovendo e incentivando experiências partilhadas. Talvez possamos dizer que as bibliotecas estão mudando o seu foco, passando a ser também um espaço de convivência com a leitura no sentido amplo que isso requer, ou seja, no sentido de que tudo o que há no mundo é texto para ser lido e interpretado e que texto não é apenas aquilo que se apresenta sob a forma escrita.

Diante de todos esses desafios, a biblioteca – além de suas atividades mais tradicionais – deve também começar a ser um espaço de promoção de atividades e que busque interagir com outros aparelhos culturais existentes, compartilhando com eles, em um processo de constante renovação, o acervo, as práticas, as atividades e os contatos com pessoas interessantes para a própria biblioteca e para os leitores que a frequentam.

Cabe, contudo, diferenciar alguns tipos de bibliotecas.

A *biblioteca escolar*, como o nome já indica, é aquela instalada dentro do espaço da escola – pública ou privada – e tem como finalidade precípua atender às necessidades pedagógicas. É, portanto, um acervo prioritariamente voltado à pesquisa das temáticas desenvolvidas pelas diversas disciplinas; contudo, não significa que a biblioteca não possa ir além, oferecendo outros tipos de leitura, nem tampouco que deixe de lado o seu papel como espaço de promoção de leitura. Por isso, deve participar ativamente de ações conjuntas e configurar-se aos leitores como um ambiente aberto e acolhedor.

Esse espaço deve ser dirigido com entusiasmo pela bibliotecária, que deve comportar-se como quem partilha um tesouro – o tesouro da civilização. Uma filósofa alemã do século XX, Hannah Arendt, disse com firmeza que o papel de mediador é um dos mais ilustres entre os educadores, pois é o mediador que abre o baú e revela as joias, estimulando a curiosidade e a busca do conhecimento, o que está longe do perfil tarefeiro de copiar textos para cumprir deveres escolares. Aprender é uma alegria que se descobre quando o que se lê e aprende se integra a quem o faz como parte de sua potência e competência pessoal e social.

Por outro lado, a *biblioteca pública* é o espaço que guarda não só um acervo literário e informativo, mas também a história mesma de uma comunidade. São espaços de uso público, e, em alguns locais, exercem um papel de referência em sua vida escolar e cultural. As bibliotecas públicas também podem funcionar como espaços de coordenação de esforços do poder público tanto no sentido de promoção da cultura quanto da educação e, portanto, são instituições importantes na implementação de políticas de leitura e cultura.

Muitas vezes funcionam como substitutas das bibliotecas escolares que não existem... ou que não estão abertas ao uso. É uma pena que fiquem reduzidas a esse papel, quando sua abertura à comunidade deve ser intensamente a de disseminadora da cultura, tornada acessível, amigável para a população que busca novos horizontes de vida. A biblioteca pública mereceria, inclusive, publicidade constante no sistema de comunicação por parte do Estado. Ela é um espaço de formação política e de cidadania.

Há, ainda, as *bibliotecas comunitárias,* que funcionam em espaços socializados, tais como associações de moradores, hospitais, igrejas e outras instituições da sociedade civil. São acervos mantidos, em geral, pelas próprias comunidades por meio de parcerias firmadas com organizações públicas e privadas e com ampla participação dos voluntários que realizam os serviços de atendimento e manutenção do acervo.

Uma questão fundamental é que não se pode apenas criar espaços, comprar acervos e fazer inaugurações de bibliotecas. Antes de qualquer outra coisa, é preciso saber e entender o que o leitor de uma dada comunidade deseja ter nesse espaço e avaliar o que efetivamente se pode oferecer a partir dele: só então será possível partir para a compra de acervos, a instalação e a inauguração. Do contrário, a biblioteca não fará qualquer sentido para aquela comunidade e ou fechará as portas ou se consolidará como um espaço inacessível àqueles que dela mais necessitam. É preciso considerar a biblioteca – sobretudo as públicas – um aparelho cultural e, portanto, destinado à visitação e utilização.

Vejam: enquanto as bibliotecas estão fechadas justamente quando a população dispõe de tempo para o lazer, o público não pode reclamar que os shoppings e seus cinemas têm fila, pois estão abertos nos feriados e fins de semana... Os museus e os centros culturais fecham em dias de semana, mas abrem aos possíveis consumidores, com suas atraentes atividades, nas horas certas de lazer. Por que não fazer o mesmo com as bibliotecas? Por que não estimular nossos leitores em formação a visitá-las e – mais! – a utilizá- las? Consideramos a programação das bibliotecas em nossas programações culturais? Quantas vezes levamos nossos filhos e alunos a uma biblioteca?

Mas outra advertência é necessária: é importante definir o que são práticas leitoras e entender a diferença entre elas e as ações culturais Não podemos partir do princípio de que toda e qualquer ação que ocorra no espaço de uma biblioteca seja por definição uma prática leitora. Uma prática leitora deve ter continuidade, deve ter um propósito ligado à leitura e à formação do leitor. Deve despertar nos indivíduos o desejo de ler mais, com maior intensidade e poder de interpretação. Deve torná-los leitores mais atentos, curiosos, observadores, críticos e com mais conteúdos a elaborar, compreender e interpretar falas e escritas mais complexas. Existe uma grande variedade de práticas leitoras que podem ser adotadas – círculos de leituras, contação de histórias, leituras de filmes, debates em torno de livros, encontros com autores etc. – e que podem perfeitamente ser realizadas em uma biblioteca. Mas este também pode ser um espaço de apropriação da cultura de uma localidade, oferecendo cursos, exposições e outras tantas atividades que se utilizem de seu acervo como meio de transmissão do conhecimento e da memória local.

Um dado ainda é necessário considerar: podemos ter bibliotecas de porte, pequenos acervos em ambiente aconchegante, salas de leitura bem animadas, cantinhos de leitura sedutores em seu arranjo e disposição. Mas o importante é que os livros estejam à mão (e aos olhos!).

O bibliotecário como mediador de leitura

O bibliotecário mediador é alguém que, além de conhecer profundamente o acervo com o qual trabalha, é ele próprio um leitor. Como tal, possui a sensibilidade de quem lê as entrelinhas de um texto e por isso pode sugerir ou oferecer um banquete a outro leitor que busque indicações de leitura, a alguém que nem saiba o que busca e até a uma pessoa que nem esteja buscando algo para ler. Talvez possamos comparar o bibliotecário mediador a alguém que possui uma horta de frutas e não somente sabe como regar e colher aquilo que planta, mas conhece a diferença entre a utilidade de temperos e verduras como a pimenta e o cominho, a salsinha e a rúcula, e sabe também aplicar cada um deles de forma certa e com prazer. Para além da classificação e catalogação de um acervo, o bibliotecário mediador de leitura se empenha entre as numerosas possibilidades de uso das coleções e dos materiais, tornando-os dinâmicos, próximos do usuário, fazendo dele um leitor.

A biblioteca e a pesquisa

Muitas vezes, a biblioteca é o único espaço de que dispõe uma comunidade como fonte de informação para pesquisa, inclusive no que diz respeito ao acesso à informática. Portanto, é importante existirem profissionais preparados para orientar e auxiliar pesquisas realizadas nesse espaço. Não basta oferecer informação se o usuário não souber utilizá-la, especialmente se o público-alvo for de crianças e adolescentes.

É preciso orientar esse público sobre como pesquisar um assunto tanto nos livros como em *sites,* sobre o que é fazer um resumo das informações encontradas, como citar uma bibliografia, elaborar uma ficha catalográfica etc. Quanto mais estreita for a relação da comunidade com o espaço da biblioteca, mais perto dela estará o livro.

Sabemos por estatísticas que a pesquisa escolar é o maior motivo da frequência de usuários nas bibliotecas em nosso país. Mesmo com os computadores e a Internet, que com muita rapidez facilitam o acesso a informações para as pesquisas, nem todos possuem computadores, e a biblioteca é o único espaço de que os estudantes de muitas comunidades dispõem para as suas pesquisas.

Para que as pesquisas se tornem interessantes para quem as realiza, é preciso que o acervo disponível seja de qualidade e atenda às suas necessidades. Além disso, o acesso à Internet, hoje uma grande ferramenta facilitadora das pesquisas, deve ser permitido e possibilitado.

Uma biblioteca oferece muitas das informações que o leitor deseja, mas, para que isso aconteça, ele deve seguir certos procedimentos, como quem traça uma rota para chegar a um destino. Definir o tema, buscar relações com outras palavras é um bom começo para iniciar essa navegação, e, com a ajuda de alguém que oriente, a viagem pode ficar ainda mais fácil, eficiente e divertida.

Veja também:

- Cultura e leitura
- A importância da memória
- A importância de ler textos verbais e não verbais
- A importância de ler documentos

Outros espaços e mediadores de leitura

Não podemos esquecer que, para além da família, da escola e da biblioteca há outros espaços de leitura que se unem àqueles para o compartilhamento de ações com o livro (e com outros suportes e linguagens), mas possuem características distintivas na medida em que incorporam outras ações, próprias de sua natureza.

Hoje, no Brasil, além de ótimas ideias e ações de leitura, há muitos programas e iniciativas no sentido de fazer chegar o livro e a biblioteca a toda a população brasileira. São ideias brilhantes, algumas premiadas, que proliferam por todo o país. Porém, esses programas e iniciativas ainda precisam de uma estrutura para se consolidar e nem sempre podem contar apenas com aquilo que as suas instituições originárias oferecem. Por isso, cada vez mais o fortalecimento de parcerias e a criação de novos modelos de instituição vêm sendo fundamentais para a transformação do quadro de promoção da leitura. Veja-se o PNLL, estendido aos municípios e estados em que se empenham conjuntamente o MEC e o MINC.

Destacamos em primeiro lugar as casas de leitura. De forma diferente da biblioteca, onde o principal personagem é o acervo bibliográfico, documental e digital, nas casas de leitura o protagonista é o leitor. São, portanto, espaços onde os esforços todos estão direcionados para a leitura e a realização de atividades de promoção do ato de ler: oficinas, contações, círculos de leitura; onde, enfim, se lança mão de tudo aquilo que for necessário para formar efetivos leitores de textos e de mundo. Embora suas ações prescindam de um acervo – bibliográfico ou digital –, sua preservação, bem como o envolvimento com outras iniciativas de cunho cultural, são preocupações secundárias no dia a dia de uma casa de leitura.

Outro tipo de instituição que vem se consolidando como importante espaço de promoção de leitura são as ONGs. Caracterizadas pela preocupação com as questões sociais e em razão de sua natural flexibilidade para firmar parcerias com empresas públicas, privadas e associações da sociedade civil, as ONGs têm exercido um papel importante na construção de novas possibilidades de ação de promoção da leitura, sobretudo daquelas que podem ser compartilhadas com outros atores, atingindo pessoas de regiões onde o poder público nem sempre está presente. As ONGs têm sido empreendedoras de muitas ações tópicas mas decisivas para aproximar pequenos e jovens leitores entre si.

Mais recentemente vimos surgir os *pontos de leitura* – iniciativas da sociedade civil não necessariamente institucionalizadas – que, por meio de seleção prévia firmam convênio com o programa de mesmo nome do Ministério da Cultura. Note-se que os pontos de leitura não são bibliotecas, muito embora a formação ou a existência prévia de um acervo bibliográfico seja requisito para a concessão do benefício pelo governo. Os pontos não possuem um modelo comum nem seguem uma mesma programação; contudo, têm por responsabilidade articular e impulsionar ações de leitura já existentes nas comunidades em que se inserem.

Por último, mas não menos importante, há os cursos de *Educação de Jovens e Adultos – EJA*, que prestam um serviço fundamental para a alfabetização e o acesso profissional daqueles que na infância não tiveram a oportunidade de cursar a escola. Quando um jovem ou um adulto frequenta um curso de EJA, traz consigo uma história de leitura de mundo bastante diferente daquela da criança que chega à escola formal. Isso significa não só um estado de compreensão do mundo que o cerca, mas que, muitas vezes, configura o estabelecimento de preconceitos que podem prejudicar o seu próprio futuro como leitor e agente social. Portanto, o desafio dos cursos de EJA é bastante peculiar e requer uma atenção especial para a modificação de um patamar de experiências que muitas vezes soterraram sonhos e possibilidades. É preciso aqui ter um cuidado especial para recuperar histórias de vida e fazer o salto necessário à construção de um novo olhar para o mundo. Nestes, o papel da leitura é mais importante que o da instrução formal.

Mas todos os espaços requerem novos sujeitos de promoção de leitura. Quem seria, portanto, esse mediador diferente dos pais, dos familiares, dos professores e dos bibliotecários? Já vimos que os contadores de história são importantes mediadores. Mas queremos destacar um tipo de mediador que vem fazendo a diferença em importantes ações públicas de promoção de leitura. Trata-se do *agente de leitura*, protagonista das ações do "Programa Mais Cultura", do MINC. São jovens oriundos de comunidades carentes que atuam como agentes culturais nas próprias comunidades onde vivem. O agente tem como missão articular iniciativas de promoção de leitura existentes nas escolas, bibliotecas e pontos de leitura locais, além de ele mesmo realizar atividades de formação de leitores junto às famílias com as quais atua. O trabalho é remunerado e requer uma formação e um acompanhamento diferenciados. O requisito principal é que os agentes sejam jovens criativos e comprometidos com a transformação social por meio da leitura.

Acervos itinerantes

Uma biblioteca em movimento: esta é a primeira coisa que nos vem à cabeça quando pensamos na expressão "biblioteca itinerante". Depois, podemos também pensar no livro indo ao encontro de seus leitores. E de súbito, se dermos asas à imaginação, pode também nos vir à mente uma voz em um alto-falante a anunciar:

– Está chegando à sua praça a Biblioteca "Ó abre alas, que eu quero passar", trazendo para vocês livros e leituras. Podem entrar, a porta está aberta, é só se achegar!

Uma biblioteca itinerante, na concepção de quem acredita que *a vida também é para ser lida*, tem de se *achegar chegando*. E não importa se a biblioteca vem em um barco, uma bicicleta, um jegue ou um ônibus superfabuloso. Importa é o recheio, aquilo que há dentro dela. E quem vem junto para compartilhar tudo isso com os leitores.

Na sua concepção tradicional, a biblioteca itinerante é um serviço de extensão da biblioteca pública local, que leva os livros, e o acesso a eles, aos lugares mais distantes e difíceis. Porém, esta concepção de biblioteca itinerante, apesar de ser também muito importante, não necessariamente exclui a existência da biblioteca levada aos leitores por iniciativa pessoal, que pode estar desvinculada da biblioteca pública local: sua existência depende apenas da iniciativa de pessoas que desejem atender a leitores sedentos de leituras.

Para iniciar uma biblioteca itinerante tocada pela iniciativa particular é importante pensar no meio que será utilizado para transportar os livros. Depois é preciso pensar nos livros que irão compor o acervo, e no perfil dos leitores beneficiados pela iniciativa.

Sobretudo é preciso pensar no agente de leitura, que carrega os livros na mochila e no coração, que conhece seu acervo e o público a que irá atender. Os agentes precisam ser leitores e ter uma formação como mediadores.

Também é importante planejar os lugares por onde a biblioteca irá passar e quando, ou seja, seu itinerário e calendário. Além disso, o local exato em que o acervo ficará disponível e por quanto tempo: pode ser um dia, uma semana, dependendo das necessidades e possibilidades do local. Pensar e planejar as práticas de leitura que serão oferecidas aos leitores beneficiados, bem como estabelecer como serão feitos os empréstimos dos livros e os prazos para a sua troca é muito vantajoso para a organização e a qualidade do trabalho do agente.

Uma biblioteca itinerante pode ser bem pequenina, ou, dependendo dos recursos disponíveis e do veículo de transporte adotado, pode também ser maior, dispondo de mesas, cadeiras, poltronas, redes, TVs, DVDs e aparelhos de som. Ela pode contar com uma equipe de atendimento própria ou com a ajuda de voluntários da comunidade beneficiada, que cuidarão dos empréstimos e da arrumação do local onde a biblioteca vai se instalar.

Abertura e acolhimento

Dois grandes desafios que se impõem para os espaços de promoção de leitura são a abertura e o acolhimento. Esses espaços devem ser um convite à viagem que os textos propõem. Por isso, a necessidade de serem locais convidativos, à disposição da comunidade que atende, com portas e corações abertos.

Aos olhos do leitor, livros são objetos preciosos, mas não sagrados: eles podem e devem ser tocados, folheados, manuseados, carregados; devem, enfim, ser desfrutados, afinal uma experiência positiva no contato com o livro (ou com o texto em qualquer de seus suportes) vivida em um desses espaços marcará para sempre a história de um leitor.

Uma definição elucidativa é a de biblioteca aberta. Não se trata daquela que está aberta e funcionando em determinados horários, mas da que oferece a seus leitores um banquete de leituras que eles muitas vezes nem imaginam existir, de registros e informações tanto no tradicional suporte de papel como na recente forma digital. Assim devem funcionar todos os espaços que se propõem a formar leitores. Que eles estejam sempre abertos: para suas comunidades leitoras, para receber sugestões, para praticar novidades e para formar novos leitores, sempre. Assim, exercerão seu papel social de ser não apenas um espaço de conveniência, mas também um espaço de convivência.

Por sua vez, acolhimento remete à ideia de colheita, de fartura, de algo que não acaba. Ao mesmo tempo, o termo também remete ao ato de colher, que lembra movimento. Um espaço acolhedor deve fazer o leitor sentir-se confortável tanto em relação ao ambiente físico como em relação às pessoas que lá trabalham, cujas atitudes devem demonstrar educação, gentileza e disponibilidade. Um espaço acolhedor é também aquele que convida o leitor a interagir com a instituição, a participar de suas ações, podendo sugerir outras que deseje ver ali realizadas. Tal espaço interage com o leitor para a definição de seu acervo, disponibilizando suas regras e serviços sem preconceitos, oferecendo amplos e variados tipos de acesso ao acervo, além de atividades voltadas para o leitor.

Acolhedor é aquele espaço que é meu, é seu, é nosso. Esse local, como diria o escritor argentino Jorge Luis Borges, nos coloca no paraíso. E pode ser a biblioteca comunitária, o cantinho de leitura da sala de aula, a biblioteca/sala de leitura da escola, a grande e espaçosa biblioteca pública da cidade. E, se não houver acolhimento, o leitor desiludido abandonará a oportunidade de empoderar-se da tradição cultural de muitas gerações para fazer melhor a sua.

O livro como objeto estético

Tudo é objeto de leitura. O livro também é um tipo de objeto e não pode ser sacralizado, tornado distante daquele a quem se destina. Livro é para ser tocado, acarinhado, é para ser levado com a gente, como um amigo de todas as horas. Há livros que encantam o leitor por sua capa, pela textura do papel, pelas ilustrações – e todas essas formas de encantamento são válidas. A relação leitor-livro deve ser estimulada e respeitada.

Alguém poderia lembrar o ditado "não se conhece um livro pela capa", mas o leitor tem o direito de escolher um livro por sua capa, pelo seu título, porque o papel é bonito ou porque o projeto gráfico o encanta; se o conteúdo encantar tanto quanto o objeto, melhor ainda! Mas se isso não acontecer, terá valido a pena o prazer de ver um livro tão bonito, ou guardar para sempre o título que poderia ter resultado em uma boa história.

Todo leitor tem o direito de ler o livro também como objeto.

O lugar do leitor

Não é possível falar em leitura sem reconhecermos o sujeito por detrás dessa ação: o leitor. Afinal, o leitor é o sujeito do ato de ler. Nesse sentido, qualquer reflexão sobre a leitura não será consistente se não tiver como principal preocupação o leitor; ou, melhor dizendo, os leitores, com seus específicos anseios, desejos, saberes, vivências, dificuldades e necessidades. Dessa reflexão não podem ficar de fora, também, os lugares nos quais as leituras se dão.

Embora muitos teóricos, com certa razão, reflitam sobre *leitura* e *leitor* a partir de interesses bastante abstratos e genéricos, é preciso sermos capazes de refletir sobre o significado dessas duas palavrinhas também de modo concreto, prestando atenção em *quem lê*, *como lê*, e *onde lê*.

Portanto, é preciso incluir em nossas reflexões preocupações com os aspectos materiais relacionados ao leitor, ao ato de ler e aos lugares em que a leitura ocorre.

Maria gosta de ler histórias em quadrinhos refestelada na sua rede antes de dormir. Também gosta de ler no ônibus, mas outro tipo de texto, indo ou voltando do trabalho. José, diferentemente de Maria, só gosta de ler recostado na poltrona da sala, e ele gosta mesmo é de ler jornais e revistas de atualidades, coisa que costuma fazer pela manhã, antes de sair de casa. Pedrinho tem a mania de primeiro ler o final dos romances para só então ler o livro de cabo a rabo, com calma, livre da ansiedade de querer saber como a história vai acabar. Isso porque Pedrinho gosta mesmo é de ler – toda e qualquer história – saboreando o modo como ela é contada, prestando atenção às palavras escolhidas pelo autor e ao modo como ele as organizou na frase.

Esses três pequenos exemplos mostram que, na prática, ler é uma ação realizada sempre por alguém com gostos e hábitos específicos. De maneiras específicas. Em lugares e circunstâncias específicas. Circunstâncias únicas, que jamais se repetem. Pode ser que todas as noites, antes de dormir, Maria leia os mesmos quadrinhos porque já conhece cada uma das histórias, e, por isso, ela as lê despreocupada e pega no sono mais facilmente. Maria é muito ansiosa. Uma noite ela não consegue dormir porque está agitada com o emprego novo que arranjou; outra porque brigou com o namorado. Outra noite, ainda, está triste com o sumiço de seu gato de estimação. Não fossem as histórias em quadrinhos, suas velhas conhecidas, Maria nunca dormiria! Ela prefere deixar para ler novidades é no ônibus mesmo, indo e voltando do trabalho.

O ato de ler, quando já se tornou um hábito, é assim: faz parte da vida e se realiza como que ao sabor dos hábitos, dos gostos, das circunstâncias. Se a leitura é um ato que desejamos que faça parte do cotidiano, precisamos admitir que é também um ato que estará sempre permeado pelas circunstâncias e pelo contexto em que o sujeito está inserido: circunstâncias e contextos em constante mudança, tanto do ponto de vista do indivíduo e sua psique quanto do ponto de vista dos acontecimentos que afetam a comunidade na qual ele está inserido.

O leitor que já é amante dos livros e adora ler consegue fazê-lo nas condições e lugares os mais adversos. E por vezes lê exatamente *porque* está passando por uma situação adversa... Esse leitor consegue ler – com (algum) prazer – no meio da maior bagunça, apesar do barulho, do mofo e até de uma britadeira debaixo da janela!

Mas e o leitor em formação? Aquele que ainda está descobrindo as inúmeras possibilidades oferecidas pela leitura?

Quando se trata desse leitor, sobretudo quando ele está inserido no espaço escolar ou em qualquer outro espaço preparado especialmente para incentivar a prática da leitura, é importante pensarmos em proporcionar-lhe um ambiente confortável e acolhedor, que facilite a descoberta do prazer que pode existir no ato de ler.

Como descobrir o prazer de ler se as costas estão doendo porque a cadeira está quebrada e torta? Como descobrir o prazer de ler se há tanto barulho e tantas interrupções que é impossível manter a concentração? Como descobrir o prazer de ler se a leitura, além de imposta, está sendo realizada em um lugar pouco arejado e com cheiro de mofo, condições que podem levar o leitor a ter ataques de espirros e até dor de cabeça? Como descobrir o prazer de ler se o leitor nem ao menos enxerga direito as palavras porque está precisando usar óculos e ninguém se deu conta disso?

Tratando-se de *leitores em formação* – leitores que ainda não descobriram o prazer da leitura – melhor é que sejam acolhidos em um espaço agradável, aconchegante, silencioso, inclusivo. Um lugar no qual eles se sintam bem. E que contem com o apoio de pessoas – sejam elas professores, bibliotecários, agentes ou facilitadores da leitura – que possam ajudá-los nessa descoberta e incentivá-los a continuar quando encontrarem alguma dificuldade.

Alguém atento ao menino que precisa de um par de óculos, ao cadeirante que precisa de uma rampa de acesso para chegar ao acervo da biblioteca, à deficiente visual que precisa dispor de ledores, ou de livros gravados, ou de exemplares em Braile. Alguém atento ao garotinho que ainda não encontrou o livro certo, aquele livrinho misterioso e único que o ajudará a descobrir o prazer de ler e, com isso, seu próprio lugar no mundo.

Um aspecto muito importante é estar atento à inclusão de todos nas atividades de formação de leitores. Portadores de necessidades especiais podem – e devem – participar ativamente de círculos de leitura, contação de histórias, apresentações teatrais, enfim, de todas as práticas que o mediador desejar lançar mão para formar os seus aprendizes. É preciso lembrar que esse público pode contribuir com uma forma de ler diferenciada, que, uma vez compartilhada com os demais, adiciona valor ao resultado final do trabalho, enfatizando as diferentes possibilidades de leitura.

Como a montagem de um quebra-cabeças, vai-se formando, aos poucos, um leitor capaz de diversos olhares sobre o mundo que o cerca.

Referências bibliográficas

ALBUQUERQUE, Maria Clara Cavalcanti de. *Kayuá – O Dom da Palavra:* o ato de contar histórias. Monografia apresentada ao Curso de Especialização Leitura: Teoria e Prática. Orientação Fernando Lébeis. PUC-Rio. Rio de Janeiro, 1998.

AZEVEDO, Ricardo. Formação de leitores e razões para a literatura. In: SOUZA, Renata Junqueira de (Org.). *Caminhos para a formação do leitor.* São Paulo: DCL, 2004, p. 37-48.

BARTHES, Roland. *Aula.* São Paulo: Cultrix, 1980.

_____. *O óbvio e o obtuso:* ensaios sobre fotografia, cinema, pintura, teatro e música. Rio de Janeiro: Nova Fronteira, 1990.

_____. *O prazer do texto.* São Paulo: Perspectiva, 1996.

BASTOS, Maria Teresa F. *Uma investigação na intimidade do portrait fotográfico.* Rio de Janeiro: Editora PUC-Rio, 2007.

BERGER, John. *Modos de ver.* São Paulo: Martins Fontes, 1972.

BURKE, Peter. Iconografia e ecologia. In: _____. *Testemunha ocular:* história e imagem. Bauru: EDUSC, 2004.

CAETANO, Marcelo Moraes. *Música (alma) e literatura.* Disponível em: <http://www.cronopios.com.br/site/ensaios.asp?id=3978>.

CARNEIRO, Flávio Martins. Leitura e linguagens. In: YUNES, Eliana. *Pensar a leitura.* Complexidade (Org.). Rio de Janeiro: Loyola; Editora PUC-Rio, 2002.

CHARNEY, Leo; SCHWARTZ, Vanessa (Org). *O cinema e a invenção da vida moderna.* São Paulo: CosacNaify, 2004.

CHARTIER, Roger (Org.). *Práticas de leitura.* São Paulo: Estação Liberdade, 2001.

CRARY, Jonathan. *Techniques of the Observer:* On Vision and Modernity in the Nineteenth Century. Cambridge: MIT Press, 1992.

_____. A visão que se desprende: Manet e o observador atento no fim do século XIX. In: CHARNEY, Leo; SCHWARTZ, Vanessa (Org.). *O cinema e a invenção da vida moderna.* São Paulo: Cosacnaify, 2004.

ECO, Umberto. *Seis passeios pelos bosques da ficção.* São Paulo: Companhia das Letras, 1994.

FREIRE, Paulo. *A importância do ato de ler.* São Paulo: Cortez, 2001.

JOLY, Martine. *Introdução à análise da imagem.* Campinas, SP: Papirus, 1996.

KNAUSS, Paulo. O desafio de fazer história com imagens: arte e cultura visual. *ArtCultura*, Uberlândia, v. 8, n12, p. 97-115, jan-jun, 2006.

LARAIA, Roque de Barros. *Cultura*. Um conceito antropológico. Rio de Janeiro: Zahar, 2001.

LEAHY-DIÓS, Cyana. *Educação literária como metáfora social*. Niterói: EDUFF, 2000.

LOYOLA, Inácio de. *Exercícios espirituais de Santo Inácio*. São Paulo: Loyola, 1990.

MANGUEL, Alberto. *Lendo imagens*. São Paulo: Companhia das Letras, 2001.

MITCHELL, W. J. T. *Picture theory*. Chicago: The Univesity of Chicago Press, 1994.

_____. *What do Pictures Want?* The Lives and Loves of Images. Chicago: The University of Chicago Press, 2005.

MOTA, Sonia Rodrigues. *A família e o leitor*. Rio de Janeiro: Proler; Casa da Leitura, 1995.

NOBREGA, Nanci. De livros e bibliotecas como memória do mundo: dinamização de acervos. In: YUNES, Eliana. *Pensar a leitura*. Complexidade (Org.). Rio de Janeiro: Loyola/Editora PUC-Rio, 2002.

ORLANDI, Eni Pulcinelli. *Discurso e leitura*. Campinas: Editora Universidade de Campinas, 2000.

PENNAC, Daniel. *Como um romance*. Rio de Janeiro: Rocco, 1993.

SCHOLLHAMMER, Karl Erik. *Além do visível* – o olhar da literatura. Rio de Janeiro: Sete Letras, 2008.

SILVA, Ezequiel Theodoro da. *A produção da leitura na escola*: pesquisas x propostas. São Paulo: Ática,1995.

SONTAG, Susan. O mundo imagem. In: . *Sobre fotografia*. São Paulo: Companhia das Letras, 2004.

WISNIK, José Miguel. *O som e o sentido*. São Paulo: Companhia das Letras, 2004.

YUNES, Eliana (Org.). *Pensar a leitura*. Complexidade. Rio de Janeiro: Editora PUC-Rio/Edições Loyola, 2002a.

_____. Leitura, a complexidade do simples: do mundo à letra e de volta ao mundo. In: YUNES, Eliana (Org.). *Pensar a leitura*. Complexidade. Rio de Janeiro: Editora PUC-Rio/Loyola, 2002b.

_____. Dados para uma história da leitura e da escrita. In: YUNES, Eliana (Org.). *Pensar a leitura*. Complexidade. Rio de Janeiro: Editora PUC-Rio/Edições Loyola, 2002c.

_____. Leitura como experiência. In: YUNES, Eliana; OSWALD, Maria Luiza. *A experiência da leitura*. São Paulo: Loyola, 2003.

Apêndices

Os dez direitos imprescritíveis do leitor
O direito de não ler.
O direito de saltar páginas.
O direito de não acabar um livro.
O direito de reler.
O direito de ler não importa o quê.
O direito de amar os "heróis" dos romances.
O direito de ler não importa onde.
O direito de saltar de livro em livro.
O direito de ler em voz alta.
O direito de não falar do que se leu.

Daniel Pennac

Sugestões de livros sobre leitura e temas subjacentes

BAEZ, Fernando. *História universal da destruição dos livros.* Rio de Janeiro: Ediouro, 2006.

BAJO, David. *Os 351 livros de Irma Arcuri.* Rio de Janeiro: Nova Fronteira, 2009.

BAYARD, Pierre. *Como falar dos livros que não lemos.* Rio de Janeiro: Objetiva, 2008.

BEACH, Sylvia. *Shakespeare and company:* uma livraria na Paris entre guerras. Rio de Janeiro: Casa da Palavra, 2004.

BROOKS, Geraldine. *As memórias do livro.* São Paulo: Ediouro, 2008.

CALVINO, Italo. *Se um viajante numa noite de inverno.* São Paulo: Companhia das Letras, 1999.

_____. *Um general na biblioteca.* São Paulo: Companhia das Letras, 2001.

COLOMER, Teresa. *Andar entre livros:* a leitura literária na escola. São Paulo: Global, 2007.

FAGUET, Emile. *A arte de ler.* Rio de Janeiro: Casa da Palavra, 2009.

FISCHER, Steven Roger. *História da leitura.* São Paulo: Editora UNESP, 2006.

FUNKE, Cornelia. *Coração de tinta.* São Paulo: Companhia das Letras, 2007.

GOYTISOLO, Juan. *As semanas do jardim:* um círculo de leitores. Rio de Janeiro: Agir, 2005.

HALLEWELL, Laurence. *O livro no Brasil.* São Paulo: EDUSP, 2005.

KELLY, Stuart. *O livro dos livros perdidos:* uma história das grandes obras que você nunca vai ler. Rio de Janeiro: Record, 2007.

MANGUEL, Alberto. *Os livros e os dias.* São Paulo: Companhia das Letras, 2005.

MERCER, Jeremy. *Um livro por dia:* minha temporada parisiense na Shakespeare and Company. Rio de Janeiro: Casa da Palavra, 2007.

MINDLIN, José. *Uma vida entre livros.* São Paulo: Companhia das Letras, 2008.

_____. *No mundo dos livros.* Rio de Janeiro: Agir, 2009.

PENNAC, Daniel. *Como um romance.* Rio de Janeiro: Rocco, 1993.

_____. *Diário de escola*. Rio de Janeiro: Rocco, 2008.

RUSHDIE, Salman. *Haroun e o mar de histórias*. São Paulo: Companhia das Letras, 1998.

SAVAGE, Sam. *Firmin*. São Paulo: Planeta do Brasil, 2008.

SILVEIRA, Julio; RIBAS, Martha (Org.). *A paixão pelos livros*. Rio de Janeiro: Casa da Palavra, 2004.

Sugestões de filmes sobre leitura e temáticas subjacentes

1492. A CONQUISTA DO PARAÍSO.
Drama histórico. Direção de Ridley Scott. Com Gerard Depardieu. 1992.

ADIVINHE QUEM VEM PARA JANTAR.
Drama. Direção de Stanley Kramer. Com Spencer Tracy, Sidney Poitier e Katharine Hepburn. 1967.

ANA E O REI.
Drama. Direção de Andy Tennant. Com Jodie Foster. 1999.

A ESCOLHA DE SOFIA.
Drama. Direção de Alan J. Pakula. Com Meryl Streep e Kevin Kline. 1982.

A LISTA DE SCHINDLER.
Drama. Direção de Steven Spielberg. Com Liam Neeson, Ralph Fiennes e Ben Kingsley. 1993.

A PROVA.
Drama. Direção de John Madden. Com Gwyneth Paltrow e Anthony Hopkins. 2005.

A VOZ DO CORAÇÃO.
Drama. Direção de Christophe Barratier. Com Jacques Perrin. 2004.

ADORÁVEL PROFESSOR.
Drama. Direção de Stephen Herek. Com Richard Dreyfuss. 1995.

AO MESTRE COM CARINHO.
Drama. Direção de James Clavell. Com Sidney Poitier. 1966.

BENNY E JOON.
Corações em conflito. Comédia romântica. Direção de Jeremiah S. Chechik. Com Jonny Deep e Mary Stuart Masterson. 1993.

CASAMENTO GREGO. Comédia. Direção de Joel Zwick. 2002.

COACH CARTER – TREINO PARA A VIDA. Drama. Direção de Thomas Carter. Com Samuel L. Jackson. 2005.

CORAÇÃO DE TINTA. Aventura. Direção de Iain Foftley. Com Brendan Frase e Lienna Guillory. 2008.

DRIBLANDO O DESTINO. Comédia romântica. Direção de Gurinder Chadha. 2002.

DUELO DE TITÃS. Drama. Direção de Boaz Yakin. Com Denzel Washington. 2000.

ENCONTRANDO FORREST. Drama. Direção de Gus Van Sant. Com Sean Connery e Rob Brown. 2000.

ESCRITORES DA LIBERDADE. Drama. Direção de Richard Lagravenese. Com Hillary Swanck e Patrick Dempsey. 2007.

FAÇA A COISA CERTA. Drama. Direção de Spike Lee. Com Danny Aiello e John Turturro. 1989.

FORREST GUMP – O CONTADOR DE HISTÓRIAS. Drama. Direção de Robert Zemeckis. Com Tom Hanks. 1994.

GÊNIO INDOMÁVEL. Drama. Direção de Gus Van Sant. Com Robin Williams e Matt Damon. 1997.

GILBERT GRAPE. APRENDIZ DE SONHADOR. Drama. Direção de Lasse Hallström. Com Jonny Deep e Leonardo di Caprio. 1993.

LEGALMENTE LOIRA. Comédia. Direção de Robert Luketic. Com Reese Witherpoon e Luke Wilson. 2001.

MACHUCA. Drama. Direção de Andrés Wood. Com Matias Quer, Ernesto Malbran e Ariel Matena. 2004.

MALCOLM X. Drama. Direção de Spike Lee. Com Denzel Washington, Angela Bassett. 1992.

MINHA VIDA EM COR-DE-ROSA. Drama. Direção de Alain Berliner. 1997.

NENHUM A MENOS.
Drama. Direção de Zhang Yimou. 1998.

NUNCA TE VI, SEMPRE TE AMEI.
Drama. Direção de David Hugh Jones. Com Anne Bancroft e Anthony Hopkins. 1986.

O CLUBE DO IMPERADOR.
Drama. Direção de Michael Hoffman. Com Kevin Kline. 2002.

O CONTADOR DE HISTÓRIAS.
Drama. Direção de Luiz Villaça. Com Malu Galli e Chico Diaz. 2009.

O DESPERTAR DE RITA.
Drama. Direção de Lewis Gilbert. Com Michael Cane e Julie Walters. 1983.

O LEITOR.
Drama. Direção de Stephen Daldry. Com Kate Winslett. 2008.

O OITAVO DIA.
Drama. Direção de Jaco Van Dormael. 1996.

O PIANISTA.
Drama. Direção de Roman Polanski. Com Adrien Brody. 2002.

O PIANO.
Drama. Direção de Jane Campion. Com Holly Hunter, Sam Neill, Harvey Keitel e Anna Paquin. 1993.

O SOL é PARA TODOS.
Drama. Direção de Robert Mulligan. Com Gregory Peck. 1962.

PATCH ADAMS.
Drama. Direção de Tom Shadyac. Com Robin Williams. 1998.

PRO DIA NASCER FELIZ.
Documentário. Direção de João Jardim. 2006.

SANEAMENTO BáSICO.
Comédia. Direção de Jorge Furtado. Com Fernanda Torres e Wagner Moura. 2007.

SOCIEDADE DOS POETAS MORTOS.
Drama. Direção de Peter Weir. Com Robin Williams e Ethan Hawke. 1989.

UMA MENTE BRILHANTE.
Drama. Direção de Ron Howard. Com Russell Crowe, Jennifer Connelly e Ed Harris. 2001.

Sugestões de *sites* de interesse

Amigos do Livro: www.amigosdolivro.com.br
O *site* traz diversas seções dedicadas ao universo do livro e da literatura. Entre elas estão bibliotecas, artigos, resenhas, associações do livro em todo o mundo, escritores brasileiros e legislação.

Biblioteca Virtual de Literatura: www.bibvirtuais.ufrj.br/literatura
Informações sobre prêmios, bibliotecas, arquivos, academias e associações, além de seções dedicadas à criação *online*, a escritores e a ensaístas.

Museu da Língua Portuguesa: www.estacaodaluz.org.br
Uma visita virtual ao Museu da Língua Portuguesa, que abriu suas portas em março de 2006, na Estação da Luz, em São Paulo (SP).

Fundação Nacional do Livro Infantil e Juvenil (FNLIJ): www.fnlij.org.br
Além de apresentar o portfólio de atividades da Fundação Nacional do Livro Infantil e Juvenil – FNLIJ, do Rio de Janeiro(RJ), o *site* oferece uma seleção de títulos recomendados na área.

Programa Mudando a História: www.fundabrinq.org.br/mudandoahistoria
Site do programa criado pela Fundação Abrinq, que forma jovens de 13 a 25 anos para atuar como mediadores de leitura com crianças que frequentam creches, escolas de educação infantil ou instituições de atendimento a crianças em situação de risco.

Programa Ler é Preciso: www.ecofuturo.org.br
Desenvolvido pelo Instituto Ecofuturo, do Grupo Suzano, o "Ler é Preciso" possui entre suas ações a implantação de bibliotecas comunitárias, a capacitação de mediadores de leitura e a realização de concursos de redação.

Programa Escrevendo o Futuro: www.escrevendoofuturo.org.br
O programa, criado pela Fundação Itaú Social, desenvolve ações que auxiliam a formação de educadores e professores no ensino da escrita, com o objetivo de contribuir para o aperfeiçoamento da escrita dos alunos da quarta e quinta séries do ensino fundamental.

Projeto Leia Comigo: www.educar.com.br
O projeto "Leia Comigo" é desenvolvido pela Fundação Educar DPaschoal e inclui a distribuição gratuita de livros entre crianças de escolas públicas e instituições educacionais. Em 2005, o projeto distribuiu 25 milhões de livros.

Plano Nacional do Livro e Leitura: www.pnll.gov.br
O *site* do Plano Nacional do Livro e Leitura reúne notícias, calendá-rio, *links* para campanhas e descrição do próprio plano.

Este projeto foi financiado pelo MEC/FNDE, com apoio do PNLL.

SOBRE O LIVRO

Formato: 14 x 21 cm
Mancha: 21 x 41 paicas
Tipologia: Cambria 11,5/13,8
Papel: Offset 75 g/m² (miolo)
Cartão Supremo 250 g/m² (capa)
1ª edição: 2012

EQUIPE DE REALIZAÇÃO

Produção Gráfica
Kalima Editores

Projeto Visual e editoração Eletrônica
Gledson Zifssak